企業の持続性と組織変革

槇谷正人 著

文眞堂

まえがき

「凡事徹底」「基本に忠実に」「神は細部に宿る」という言葉は，難局を乗り越えた経営者が良く口にする。人間として当たり前にやり抜くことの重要性を痛感した言葉である。凡事や基本は，企業の現場で習慣として無意識におこなわれる日常活動である。神が宿る細部とは，一見見過ごしてしまいがちな日常業務の反復活動の中に潜んでいる。

経営学において，経営戦略や意思決定という用語が使われ出して以来，トップ・マネジメントにより思考する活動が重要視されてきた。しかし，優れた経営者は，経営戦略や意思決定の基盤には，現場で日常的に反復される活動にあると深く認識している。この日常的に反復される活動はルーティンと呼ばれ，知的で創造的でない誰でもできる仕事とみなされる傾向に陥った。トップやマネジャーは，メンバーに，そして非正規雇用の人々たちに任せてきたのである。しかし，この反復的で当たり前の活動が事業活動の基盤となり，環境変化の察知・把握・対応，そして適応の原点となっている。優れた経営者は，この原点とも言えるルーティン活動を，組織レベルのルーティンとして捉えているのである。

本研究の目的は，企業の持続性のメカニズムを解明することである。そのために求められる課題とは，組織変革の新たな領域を切り拓くことと，経営実務で再現可能な実践的メソッドを提示することである。これらの問題意識から，企業の持続的成長と発展要因を，組織変革と組織ルーティンに着目して進めてきた。

企業の連続性と安定性を保証する遺伝子のようなものとして，組織ルーティン（March and Simon, 1958；Nelson and Winter, 1982；Teece and Pisano, 1994；Pentland and Rueter, 1994；藤本，2000：大月，2004：2007；Teece, 2009）の研究が進展してきた。進化経済学において生物学的進化論の流れから遺伝子が果たす役割は，ルーティン（定型的・慣例的行動手続き）が

担い，企業行動の進化では組織ルーティンの発展と変化のプロセスであると定義された（Nelson and Winter, 1982）。しかし，組織ルーティンの実証研究も生産部門（藤本，2003）と研究開発部門（桑嶋，2006）において見られるだけであり，組織全体の戦略レベルを考察対象とした組織ルーティンの変化に関する研究は見られない。

　組織変革における阻害・促進要因の実証的解明に向けて，まずこの組織ルーティンのメカニズムを明らかにする必要がある。

　本書で取り上げる企業は，永く持続的成長と発展を遂げてきた日本を代表する，キヤノン，花王，東レ，ダイキン工業である。研究方法は，組織変革のプロセスを比較的長期間，少なくとも前後それぞれ十数年の戦略の実行プロセスを中心として事業活動を考察する。最初に，組織変革の促進要因として経営者の戦略的意思決定を調査する必要がある。特に，グローバル企業におけるM&Aや戦略的提携など，組織変革期に多様な価値観や目的を持ったメンバー間で，協働を阻害する要因についても解明しなければならない。同時に，組織ルーティンの形成には，組織形態の変化が大きく影響を及ぼすものと考えられた。さらに，細かく見ると，組織形態を変化させることがメンバー間の相互作用をどのように変化させてきたのか，組織学習のメカニズムについても考察する必要がある。

　事例研究から，次の間接的な4要因が，企業の持続的成長と発展に影響を及ぼしていることを提示している。結論を簡潔に先取りすれば，第1は，経営者主導による組織変革の断行，第2は，経営者チームによる組織形態を変化させる活動，第3は，組織メンバーの意思決定の基準明確化，第4は，組織と組織の垣根を超えてリエゾン役のリーダー主導による組織学習の促進である。

　これら4要因間の相互作用のメカニズムを，企業の合理的な側面と人間の非合理的な側面を統合する観点から実証的解明を図ろうとするものである。つまり，組織変革の計画的側面と創発的側面，組織ルーティンの安定と変化，さらに戦略的組織ルーティンの破壊と創造といった，相反する二面性を同時に遂行する活動のメカニズム解明である。そこでは，どのような組織マネジメント機能が必要かに関わる研究である。

　これらの実証研究と分析の結果を最初に紹介すると，組織変革における組織

形態の変化と，経営理念の機能化に着目することが重要であることが明らかになった。これらの課題解決と仮説検証のため，知識創造理論のSECIモデル（Nonaka and Takeuchi, 1995）を援用した。ダイナミック・ケイパビリティの構成要素となる組織ルーティンが安定と変化を繰り返すことが基盤になる。さらに，競争優位の組織ルーティン，つまり戦略的組織ルーティンとして破壊と創造を繰り返すことを可能にするのは，上記の4要因と相互作用であると考えられ，それらを機能させているのが組織形態の変化による経営理念であると位置づけられたからである。

本研究の結果と意義は，企業活動における管理・組織・戦略の起点と方向を決定づける経営理念の機能化が，組織変革を促進する要因となることである。具体的には，マクロレベルでは，グローバル戦略によるダイナミック・ケイパビリティの形成，M&A後の組織マネジメント，戦略的CSRと環境経営の実践，ミクロレベルでは，組織変革における経営者の意思決定事項，組織変革における組織形態の変化，経営戦略と経営理念の連動による組織学習の促進，また，企業倫理と内部統制，経営者による自己統治を中核としたコーポレート・ガバナンス，ダイバーシティ・マネジメントによる組織メンバーの働きがい等の考察によって明らかになる。これらは，経営実務家の分野において大きく貢献する研究となるものと考えられる。

本書のキーワードは，第1に，「組織ルーティンの安定と変化」，第2に，「戦略的組織ルーティンの破壊と創造」，第3に，「組織形態の変化」，第4に，「組織変革」，第5に，「ダイナミック・ケイパビリティ」，第6に，「経営理念の機能化」である。

第1の，「組織ルーティンの安定と変化」は，成長を促進する段階で組織ルーティンが安定するプロセスと，成長を阻害する要因を克服するために組織ルーティンが変化するプロセスが存在することである。企業は環境適応のために時間軸の中で安定と変化を繰り返すのである。企業の持続性の基盤には，この組織ルーティンの安定が前提になり，環境適応のために組織ルーティンの変化が必要になる。

第2の，「戦略的組織ルーティンの破壊と創造」は，競争優位を維持するための組織能力と組織活動のことである。ここで，戦略的と呼ぶことにしている

のは，トップ・マネジメントの意思決定とその活動が極めて重要になるからである。組織ルーティンという表現では，作業レベルと管理レベルに留まって理解されることが少なくない。しかし，企業の持続性は，トップが現場の組織ルーティンの状況を良く把握することから，様々なイノベーションが生み出されるのである。したがって，トップが，この組織ルーティンを，戦略的意思決定と組織全体の一体化活動として捉えることが極めて重要なのである。ここでも，安定した戦略的組織ルーティンは，環境適応のために破壊と創造が求められる。

第3の，「組織形態の変化」は，全社的なプロジェクト活動や，部門横断的なクロスファンクショナル活動など，組織（内部）能率と市場（外部）有効性を可能にする柔軟でフラクタルな組織形態として位置づけている。これらの組織形態の変化によって組織学習が促進されるメカニズムが明らかになるものと考えられる。さらに，経営実務家にも，日々の組織ルーティンの安定と変化を繰り返す基軸となるのは組織形態の変化であることを提示する。

第4の，「組織変革」は，計画的戦略の側面と創発的戦略の側面の二面性から捉えることが重要になる。本書では，組織変革を，組織機構の変革や，人員削減による変革といった狭い範囲で捉えていない。改善，改革，革新，と言った用語も含めて，広く，組織能力，組織学習，組織間関係，組織文化の変革も含めて捉えている。企業の持続性を保証するのは組織ルーティンであると理解されるならば，組織変革による組織ルーティンの変化と戦略的組織ルーティンの破壊こそ，ダイナミック・ケイパビリティであると考えるからである。

第5の，「ダイナミック・ケイパビリティ」とは，4要因（組織変革の断行，組織形態の変化，意思決定の明確化，組織学習の促進）を組織ルーティンとして一体化させることで形成されることを既に提示した。本研究では，さらに発展させて，組織ルーティンの形成そのものが組織変革を促進する要因となることを理論化する。組織ルーティンの形成そのものが，組織ルーティンの安定と変化，戦略的組織ルーティンの破壊と創造のプロセスを経て，組織変革を促進させると考えられるからである。その中核になるのは，組織変革期における経営者主導の経営理念の機能化である。

第6の，「経営理念の機能化」は，これらの組織ルーティンの安定と変化，

戦略的組織ルーティンの破壊と創造を持続させる要因になる。その内生要因として組織形態の変化が，この経営理念の機能化を高めるのである。

　経営学研究における貢献であるが，組織変革の研究によって，戦略論と組織論とを結びつけた動態的な理論構築が可能になる。それは，環境適応と自己組織化のメカニズムを，漸進的な変革と破壊的な変革から実践的な理論として再構築する試みである。そのうえで，経営者の戦略的意思決定と組織メンバーの活動との関わりから，競争優位で可変的な組織能力がどのように構築されていくのか，そのプロセスが解明できるものと考えられる。また，経営学が検討してきた戦略・組織・人間の統合の問題を，現代のCSR（企業の社会的責任）とコーポレート・ガバナンスの課題と結びつけて，ステークホルダーの経営学の議論に発展させることが期待できる。さらに，グローバル戦略とダイバーシティ・マネジメントの課題を，組織関係論，組織学習論と結びつけて理論化することも可能になるだろう。

　(株)文眞堂の前野隆社長には，諸学会でいろいろお世話になるとともに，本書の出版を快く引き受けていただいたことに，心より感謝申し上げる。そして，社会科学研究に貢献されてきた同社の持続的な発展を祈念する。

　本書は，科学研究費補助金基盤研究（C）「組織変革における阻害・促進要因の実証的解明（課題番号：26380495）」（平成26年から平成28年）による補助を受けている。記してお礼を申し上げる。

　　2015年12月

槇谷　正人

目　次

まえがき

第Ⅰ部　組織ルーティンの研究：理論研究

第1章　組織ルーティンの機能 …………………… 3

1. はじめに ………………………………………………………… 3
2. 組織ルーティンに関する先行研究 ………………………………… 4
   2.1　組織ルーティンの理論研究 ………………………………… 4
   2.2　組織ルーティンの実証研究 ………………………………… 6
   2.3　組織ルーティンの分析枠組み ……………………………… 7
3. 戦略的組織ルーティンの遂行プロセス …………………………… 9
   3.1　組織変革と組織学習 ………………………………………… 10
   3.2　意思決定と組織形態 ………………………………………… 11
4. おわりに ………………………………………………………… 12

第2章　企業の持続性の分析単位としての組織ルーティン ……… 14

1. はじめに ………………………………………………………… 14
2. 経営資源と組織能力の研究 ……………………………………… 16
   2.1　経営資源と組織能力の区別 ………………………………… 16
   2.2　経営資源と組織能力の関係 ………………………………… 18
   2.3　経営資源と組織能力のメカニズム ………………………… 19
3. 組織能力の概念体系 ……………………………………………… 19
4. 研究方法について ………………………………………………… 22
5. 組織能力の分析単位としての組織ルーティン …………………… 26
   5.1　組織ルーティンの考察 ……………………………………… 27

　　　　　5.1.1　生産部門における組織ルーティン …………………28
　　　　　5.1.2　営業販売部門における組織ルーティン ……………29
　　　　　5.1.3　研究開発部門における組織ルーティン ……………30
　　　　　5.1.4　管理部門における組織ルーティン …………………31
　　6. おわりに………………………………………………………………33

第3章　戦略的組織ルーティンのSECIプロセスによる形成メカニズム …………………………………………………………35

　　1. はじめに………………………………………………………………35
　　2. 事例研究に先立つ2つの予備考察モデル…………………………37
　　　　2.1　持続的成長と発展モデル ……………………………………37
　　　　2.2　戦略的組織ルーティンの遂行プロセスモデル ……………38
　　3. 戦略的組織ルーティンのSECIプロセスによる形成メカニズム ……40
　　4. おわりに………………………………………………………………41

第Ⅱ部　戦略的組織ルーティンのメカニズム

第4章　組織変革による戦略的組織ルーティンの形成プロセス ―キヤノン― ………………………………………………45

　　1. はじめに………………………………………………………………45
　　2. 組織変革の考察単位としての組織ルーティン ……………………47
　　3. 企業制度とは…………………………………………………………48
　　　　3.1　制度の特性 ……………………………………………………48
　　　　3.2　制度の3支柱 …………………………………………………50
　　　　3.3　制度の形態と変化 ……………………………………………52
　　　　3.4　企業制度論 ……………………………………………………54
　　　　3.5　企業制度の分類 ………………………………………………55
　　4. 事例研究：キヤノン株式会社の組織変革と戦略的組織ルーティンの形成 ………………………………………………………57
　　　　4.1　創業期，スタート・アップ期（1933年～1954年） ………57

4.2　成長期（1955 年〜1975 年） ………………………………62
　　4.3　安定期（1976 年〜1986 年） ………………………………64
　　4.4　再成長期（1987 年〜2013 年） ……………………………66
 5．事例分析の結果 ……………………………………………………68
 6．おわりに ……………………………………………………………69

第 5 章　組織変革による組織形態の変化
―花王― ……………………………………………………………71

 1．はじめに ……………………………………………………………72
 2．組織変革の理論的枠組み …………………………………………74
 3．経営理念の機能的側面 ……………………………………………76
 4．事例研究：花王株式会社の組織形態と戦略的組織ルーティンの
　　形成 …………………………………………………………………79
　　4.1　花王の歴史 ……………………………………………………79
　　4.2　花王株式会社の組織変革（1980 年〜1989 年） ……………80
　　　4.2.1　経営理念と組織変革の共進化 …………………………81
　　　4.2.2　組織変革と TCR 運動の連動 …………………………82
　　　4.2.3　経営理念による組織学習の誘発 ………………………83
　　　4.2.4　組織変革における意思決定の標準化 …………………84
　　　4.2.5　創発的な組織学習を誘発する組織形態 ………………85
　　4.3　花王ウェイの具現化と組織変革のルーティン化
　　　　（1990 年〜2012 年） …………………………………………86
　　　4.3.1　経営理念の改変 …………………………………………87
　　　4.3.2　M&A とグローバル戦略 ………………………………88
 5．事例分析の結果 ……………………………………………………89
 6．おわりに ……………………………………………………………92

第 6 章　組織変革による戦略的組織ルーティンの破壊と創造
―東レ― ……………………………………………………………93

 1．はじめに ……………………………………………………………94

2. 組織ルーティンの安定と変化……………………………………95
　3. 企業の成長と発展要因としての戦略的組織ルーティンの破壊と
　　 創造……………………………………………………………………97
　4. 事例研究：東レ株式会社の意思決定と戦略的組織ルーティンの
　　 形成……………………………………………………………………98
　　　4.1　戦略的組織ルーティンの破壊 ………………………………99
　　　　4.1.1　意識改革による組織変革 ………………………………99
　　　　4.1.2　意思決定基準の明確化と経営実践……………………101
　　　　4.1.3　経営管理制度の改革と組織形態の変化………………103
　　　4.2　戦略的組織ルーティンの創造………………………………106
　　　　4.2.1　新しい企業文化の形成と組織学習の創造……………106
　　　　4.2.2　経営理念の機能化によるビジョン経営………………110
　5. 事例分析の結果……………………………………………………111
　6. おわりに……………………………………………………………113

第7章　組織変革によるダイナミック・ケイパビリティ形成
　　　　　―ダイキン工業― ……………………………………………115

　1. はじめに……………………………………………………………116
　2. ダイナミック・ケイパビリティ理論の日本企業への適用可能性 …116
　3. ダイナミック・ケイパビリティのミクロ的基礎 ………………118
　　　3.1　市場や技術的適合を図るセンシング………………………119
　　　3.2　戦略的意思決定を実行するシージング……………………120
　　　3.3　経営資源と組織構造の再結合と再構成を行う脅威・変形の
　　　　　 マネジメント…………………………………………………121
　4. 企業家機能の研究系譜……………………………………………122
　　　4.1　伝統的企業家機能の研究……………………………………122
　　　4.2　組織内外のマネジメント機能………………………………122
　　　4.3　競争優位の経営戦略を構築する機能………………………123
　　　4.4　無形資産のオーケストレーション機能……………………124
　　　4.5　組織変革のマネジメント機能………………………………124

5. 事例研究：ダイキン工業の組織学習と戦略的組織ルーティンの
      形成 ……………………………………………………………………126
      5.1 山田稔社長の組織変革（1972年〜1994年）………………127
      5.2 井上礼之社長の組織変革（1994年〜2002年） …………128
      5.3 井上礼之会長兼CEO, 北井啓之社長兼COOの組織変革
         （2002年〜2011年）……………………………………………130
      5.4 井上礼之会長兼CEO, 十河政則社長の組織変革
         （2011年〜2014年）……………………………………………132
   6. 事例分析の結果 ……………………………………………………133
   7. おわりに ……………………………………………………………134

第Ⅲ部　戦略的組織ルーティンからダイナミック・ケイパビリティへ

第8章　キヤノン・花王・東レ・ダイキン工業の組織変革
―計画的変革と創発的変革― ……………………………………139

1. はじめに ………………………………………………………………139
2. 企業家と経営哲学の実践 ……………………………………………141
   2.1 キヤノンの「企業理念：共生」と「グローバル優良企業
       構想」……………………………………………………………141
   2.2 花王の「花王ウェイ」と「花王グループ中期3カ年計画
       K15」……………………………………………………………142
   2.3 東レの「経営理念：企業理念・経営基本方針・企業行動
       指針」と「長期経営ビジョン」………………………………143
   2.4 ダイキン工業の「グループ経営理念」と「戦略経営計画
       FUSION 15」……………………………………………………144
3. 組織ルーティンの安定 ………………………………………………146
   3.1 意思決定の基準明確化 ……………………………………………146
      3.1.1 コーポレート・ガバナンス―計画的変革― …………146
      3.1.2 イノベーションによる多角化―創発的変革― ………148

　　　　　3.2　組織形態の変化 ………………………………………………151
　　　　　　　3.2.1　提携戦略と M&A―計画的変革― ……………………151
　　　　　　　3.2.2　理念経営の体制と全社プロジェクト活動
　　　　　　　　　　―創発的変革― ……………………………………156
　　4.　組織ルーティンの変化 …………………………………………………158
　　　　4.1　組織変革の断行 …………………………………………………158
　　　　　　　4.1.1　事業撤退への意思決定―計画的変革― ………………158
　　　　　　　4.1.2　グローバル戦略の展開―創発的変革― ………………159
　　　　4.2　組織学習の推進 …………………………………………………162
　　　　　　　4.2.1　システム・制度の再設計―計画的変革― ……………162
　　　　　　　4.2.2　戦略的 CSR とダイバーシティ・マネジメント
　　　　　　　　　　―創発的変革― ……………………………………165
　　5.　おわりに …………………………………………………………………169

第9章　戦略的組織ルーティンの創造からダイナミック・ケイパビリティの形成へ …………………………………171

　　1.　はじめに …………………………………………………………………172
　　2.　組織変革の理論モデルから導き出された分析フレームワークの
　　　　提示 ………………………………………………………………………173
　　3.　組織変革の 4 要素と 8 つの促進要因 …………………………………175
　　4.　戦略的組織ルーティンの創造と組織変革 ……………………………176
　　5.　組織変革からダイナミック・ケイパビリティ形成へ ………………177
　　6.　おわりに …………………………………………………………………179

あとがき …………………………………………………………………………180
参考文献 …………………………………………………………………………184
初出一覧 …………………………………………………………………………194
索引 ………………………………………………………………………………196

第Ⅰ部
組織ルーティンの研究：理論研究

第1章
組織ルーティンの機能

〈要 旨〉

　ルーティンとは，反復的で単調な細分化された作業であり，非人間的かつ知的でない活動の代名詞のように語られてきた。また一般にルーティンは，標準化された作業であり定常業務のことと理解されている。一方，組織ルーティンは，標準化された組織能力であり，競争優位の標準化された組織のダイナミック・ケイパビリティとして位置づけられる。

　先行研究から，組織ルーティンを3つの構造に分けてモデル化してとらえた。第1は，「作業ルーティン」である。第2は，「管理的業務ルーティン」であり，業務の計画化と標準化によって，作業ルーティンの修正と調整を図るものである。第3は，「戦略的組織ルーティン」であり，競争優位となる戦略的組織ルーティンとは，イノベーション，組織学習，意思決定，システムの4つからなる段階をスパイラルアップしながら形成されて安定と変化を繰り返すものととらえられる。

1. はじめに

　近年の戦略論は，資源ベース・アプローチ（Resource Based View：RBV）の議論以降，現場の実践論に視点が移行しつつある。本章の目的は，競争優位の要因を形成する基盤にもかかわらず，比較的目に見えにくいため考察の対象とされてこなかった組織ルーティンに焦点を当て，そのメカニズムを戦略論と組織論の視点から明らかにすることである。

　ルーティンとは，反復的で単調な細分化された作業であり，非人間的かつ知

的でない活動の代名詞のように語られてきた。また一般にルーティンは，標準化された作業であり定常業務のことと理解されている。一方，組織ルーティンは，標準化された組織能力であり，競争優位の標準化された組織のダイナミック・ケイパビリティとして位置づけられる。大月（2004）によれば，組織ルーティンは，企業組織の連続性と安定性を保証するメカニズムとしてとらえられ，タスク遂行に関わる反復的行動パターンであるととらえられる。

　吉田（2004）は，ルーティンそのものが組織理論から外されることが多かったことを，ルーティンの次の3つの特性から指摘している。第1は，多数の行為者の関与によって生じる現象であること。第2は，創発的性質をもつこと。第3は，個々の行為者のもつルーティンの基盤となる知識が言語化できないことである。一方，組織ルーティンは，資源ベースや進化経済学における組織変革や戦略行動の研究において取り上げられてきた。しかし，組織ルーティンは理論的研究にとどまり，実証的研究は生産システムの現場からみた戦略論（藤本，2003）以外進んでいないといえよう。

　このように組織ルーティンは，組織能力や組織のダイナミック・ケイパビリティであるにもかかわらず考察の対象とされてこなかった。そこで第2節では，組織ルーティンに関する先行研究を整理し，本章の分析枠組みを整理する。第3節で戦略的組織ルーティンの遂行プロセスを考察し，そのメカニズムを解明する。最後に本研究の結論と課題について述べる。

2. 組織ルーティンに関する先行研究

2.1 組織ルーティンの理論研究

　大月（2004）は，企業の組織ルーティン活動の現象を理解するために，組織ルーティンの研究について次の4つの観点から整理している。第1は，意思決定論的な観点から，組織ルーティンは反復的な「実行プログラム」であるとともに，組織行動の信頼性を形成するもの（March and Simon, 1958）や，組織的意思決定の基本的要因である（Cyert and March, 1963）と見なされて

いる。第2は，進化経済学の観点から，ルーティンは組織の技能と能力であり，企業の進化にとって重要な要因であるという見方が提示された（Nelson and Winter, 1982）。第3は，資源ベースの観点から，ルーティンが企業組織のダイナミック・ケイパビリティに貢献するものと位置づけられた（Teece and Pisano, 1994）。第4は，ダイナミック組織ルーティン（Mezzia and Glynn, 1993；大月，2004）の観点から，組織ルーティンの安定と変化（Teece and Pisano, 1994；Knott, 2003；Feldman and Pentland, 2003；大月，2004）を生み出す遂行プロセスであるととらえられている。

このように，組織ルーティンはいろいろな立場からとらえられるが，それらに共通する側面は，組織ルーティンが組織のタスク遂行に関わる反復的行動パターンであるという点である。組織ルーティンをその構造面から理解しようとすると，規則性と反復性を特徴とする仕事のルーティン化となり，組織行動の慣性力や硬直性の源泉としてとらえられる。これらのとらえ方はほとんど静態的なものである。一方，組織ルーティンを組織への影響としてとらえるには，組織メンバー間のコネクションの存在など，新たにダイナミックな視角からとらえる必要がある。ここでいうダイナミックな組織ルーティンとは，Mezzia and Glynn (1993)[1] のいう変化ルーティン（change routines）であると考えられる。

さらに大月は，組織ルーティンを，ルーティン構造とルーティン遂行の二面性をとりあげて整理している。この2側面のうちルーティン構造は，抽象的側面であり明示的（ostensive）側面であり，静態的にとらえることができるものである。これに対してルーティンの遂行（performative）側面は，特別の時と場所で，特定の人による特別の行為をさすものであり，ダイナミックな側面ともいえる。このうち，ダイナミックな側面からとらえることによって，広

---

[1] 組織ルーティンは，Mezzia and Glynn (1993) によると3つの種類があるとしている。第1は探索ルーティン（search routines）である。これは，組織があいまいな状況で適応できる機会を発見するものだが，コストのかかるルーティン化した探索プロセスである。第2のパフォーマンス・ルーティン（performance routines）は，組織が現実に変化する目標達成を図り当該目標と比較する一連の行為プロセスをいう。第3の変化ルーティン（change routines）は，組織変革について，現在の能力を見直そうとするルーティン化か，新しく異なる能力を実現しようとするルーティン化を問うものである。

範囲にわたって組織論にインプリケーションをもたらす可能性を指摘している。

2.2　組織ルーティンの実証研究

組織ルーティンの実証的研究であるが、第1は、藤本（2003）の日本型生産システムの研究が代表的である。日本の自動車メーカー（トヨタ自動車）の強さの究極の源泉は、「かんばん方式」、「ジャストインタイム方式」、「自働化」、「重量級 PM 制」などの新しいルーティンの発生による「進化能力」であり、「組織能力は創発的に構築される」とする。第2は、桑嶋（2006）の医薬品の製品開発と組織の研究であり、研究開発プロセスを探索段階と開発段階に分けて組織能力を調査している。「go or no-go の判断能力」が研究開発パフォーマンスに影響を与える重要な組織能力であり、それは、経験による経路依存的な性格の組織能力であることを示している。第3は、小池（1991）の知的熟練論の研究である。「ふだんの作業」（usual operations）と「ふだんと違った作業」（unusual operations）に分け、「ふだんと違った作業」を実行することによって、「ふだんの作業」を実行するなかでは得られない種類の知的熟練を獲得すると主張する。第4は、中岡他（2005）の職場の分業として「変化と異常への対応」の研究である。過去に経験したことへの対応で、対処法が標準化されているものを「標準化された作業」と位置づけ、一方、初めて経験するものへの対応として、対処法が標準化されていないものを「標準化されていない作業」として区別している。「標準化された作業」は、標準作業票に記述された作業を「定常作業」と「非定常作業」に分けているのに対して、「標準化されていない作業」のことを「異例作業」と呼んでいる。

しかし、これら先行研究における問題点は、第1に組織ルーティンの理論的研究は進展してきているが、管理部門や営業部門など組織全体にかかわる実証的研究は見られないことである。第2に小池（1991）の知的熟練論は、「ふだん」をどの範囲でとらえるのかが曖昧であり、組織ルーティンの分析にはなりにくいことである。第3に中岡他（2005）の実証的比較研究は、生産工場の組立職場における作業分類が中心になっているため、組織全体におけるルーティ

ン活動を定義する援用にはなりにくいことなどが指摘できる。

2.3 組織ルーティンの分析枠組み

　組織ルーティンに関する先行研究を現場の日常活動の視点から概観すると，実証的研究においては作業ルーティンに関するものが中心である。そのため，理論的研究の枠組みを援用し，組織メンバー間のコネクションの存在など，ダイナミックな新たな視角からとらえる必要性が指摘できよう。

　しかし，組織メンバー間のコネクションや，組織ルーティンの構造など，組織ルーティン遂行プロセスを考察する研究は進展していないといえよう。それを困難にしている理由は次の3点である。第1に，特定の企業や部門の対象となる場や，比較的長い期間を考察しなければならないこと。第2に，研究者がそれらの場や時間を確保することが困難であること。第3に，可視化することが困難であるが故に，組織ルーティンの分析枠組みが明らかになっていないことが指摘できよう。

　このような課題があるにせよ，組織ルーティンの構造と遂行プロセスを分析する枠組みがなくては再現可能なインプリケーションには成りえないであろう。そこで最初に，組織ルーティンの構造について3つの階層からなる分析枠組みの設定とそのモデル化を行う。第1は，日常業務活動を中心とする「作業ルーティン」，第2は，業務の計画化と標準化による作業ルーティンの修正と調整を図る「管理的業務ルーティン」，第3は，大月が指摘するダイナミックな視角からとらえた組織ルーティンであり，ここでは「戦略的組織ルーティン」と呼ぶことにする。主に事例分析では，作業ルーティンと管理的業務ルーティンが基盤になり，そのうえで組織メンバー間のコネクションによって，ダイナミックに戦略的組織ルーティン安定と変化を繰り返すメカニズムを明らかにする。

　そこで，組織ルーティンの先行研究を元に，組織ルーティンのメカニズムを明らかにするために，図表1-1のモデルを分析枠組みとして設定する。第1は「作業ルーティン」である。ルーティンは組織能力の主要な源泉であり(Cohen and Bacdayan, 1994)，組織ルーティンそのものの安定と定着を図

る基盤であると考えられる。第2は「管理的業務ルーティン」である。業務の計画化と標準化によって，作業ルーティンの修正と調整を図るものである。管理的業務には意思決定の機能も含まれ（Ansoff, 1965; Mintzberg, 1975; Simon, 1976），組織の思考体系は，業務系思考から生み出される暗黙的ルーティンが組織の思考の重要な部分を担っている（吉田，2004）。さらに，管理的業務ルーティンは，作業ルーティンの思考による変化の重要性を強調する（Axelrod and Cohen, 1999）。組織構造はルーティンが完全に開発され利用される時，その潜在能力を達成する（Miles, et.al., 1998）ものであるととらえられる。そして，第3は「戦略的組織ルーティン」と呼ぶ分析枠組みを設定する。

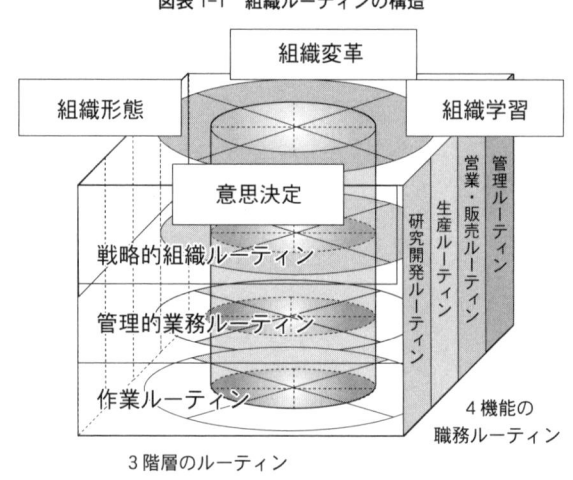

図表1-1　組織ルーティンの構造

出所：著者作成。

　第1の作業ルーティンと第2の管理的業務ルーティンは，組織ルーティンを形成するのに対して，戦略的組織ルーティンは，安定と変化を繰り返すものと考えられる。経営理念，経営戦略，経営計画，業務活動という一連の事業活動が連動することで，組織変革，組織学習，意思決定，組織形態が機能するモデルである。また，一般に事業活動における職務ルーティンは4つに分けてとら

えられるが,本章では,ダイナミックに変化を求められる営業・販売ルーティンを中心として事例分析を行うことにする。その理由は,他の職務ルーティンと密接に関連するため,組織論における新たなインプリケーションをもたらすと考えるからである。

3. 戦略的組織ルーティンの遂行プロセス

　組織ルーティンにはパラドックス現象が生じるという特性がある。組織ルーティンは,あるタスクを遂行していると想定した場合,組織メンバーは時間が経つにつれルーティン業務に習熟し,与えられたルーティン業務の問題点をいろいろと認識するようになる (Knott, 2003)。また,組織ルーティンは慣性力と安定性の源であるとともに,柔軟性と適応の源である。ルーティンの安定性を高めれば高めるほど,変化が求められるというパラドックス現象が生ずる。この克服には,ルーティン化を高めながら,柔軟性も高められる組織体制の構築が必要となる。
　競争優位となる戦略的組織ルーティンとは,4つからなる段階をスパイラルアップしながら形成されて安定と変化を繰り返すものと考えられる。
　第1の段階は,組織変革である。自己の業務活動と自社の経営理念の整合性を問い直すことであり,そこからイノベーションが生み出される。第2の段階は,組織学習[2]である。経営理念を経営戦略に結びつけることで,組織メンバーが自ら活動を意味づける。さらに,メンバー間で学習行動を誘発する。第3の段階は,意思決定である。経営戦略を各部門の事業計画として組織メンバーが目標化することであり,そのための判断基準と判断プロセスの明示を行う。第4の段階は,組織形態である。組織メンバーが各部門の事業計画をもとに,目標を達成するための一連の体制や制度構築である。

---

[2] 組織変革は,組織学習と深いかかわりをもつ。組織学習は,組織がイノベーションを生み出す能力を高めることである。組織は,時間をつうじたケイパビリティの獲得と適応によって学習しイノベーションを実現する (Dosi and Marengo, 2007)。

3.1 組織変革と組織学習

　戦略的組織ルーティンの第1の段階は，組織変革である。この段階は，自己の業務活動と自社の経営理念の整合性を問い直すことであり，そこからイノベーションが生み出される。イノベーションとは，「組織の主体者（経営主体）が，環境の変化をもたらす複雑性の中で行う組織の存続を確保する活動としての組織変革」（大月, 2005）である。組織ルーティンにはイノベーションを妨げる慣性（Langlois and Robertson, 1995）があるため，組織ルーティンを破壊することによって成し遂げられるイノベーションでは，一時的に戦略的組織ルーティンは変化するが，持続的にはなりにくいというパラドクスが生じる。イノベーションを持続的に行うためには，非連続イノベーションを連続的イノベーションにすることでもある（Christensen, 2001）。そのため，注意しなければならないことは，持続的イノベーションでは，既存企業の競争優位となる作業ルーティンや管理的業務ルーティンを破壊してはならないことである。

　第1段階である組織変革には，トップ主導による計画的な変革と，ミドルやメンバー主体による創発的な変革がある。トップ主導による計画的な変革の機軸として経営理念が位置づけられるものと考えられる。しかし，ミドルやメンバー主体による活動においては，必ずしも全メンバーが経営理念を意識し位置づけているわけではなかった。

　第2段階は，組織学習である。経営理念を経営戦略に結びつけることで，組織メンバー自らの活動を意味づけ，メンバー間で学習行動を誘発する。結果責任を強く問われる立場のトップやミドルは，経営理念と連動した経営戦略の実現に向けた活動を創造する。組織メンバー個人の学習の成果がメンバー間で共有されると，そこから共通の解釈が生まれて，既存の組織ルーティンを更新するような新たな組織ルーティンが形成されることがある。これが組織学習とみなされる。その場合，あくまでも組織ルーティンの変化が組織学習であり，具体的には，組織の規則，戦略，技術，文化などにおけるルーティンの変化を通して，組織学習が展開されることになる。しかも各ルーティンは，それを遂行

する行為者とは独立していて，もし行為者が変わっても組織に残される。また，学習は累積的であり，しかも組織における学習プロセスは，社会的・集団的なものである。そのため，組織学習は「制度化されたプロセス」（Teece and Pisano, 1994）となる。

3.2 意思決定と組織形態

戦略的組織ルーティンの第3段階は意思決定である。経営戦略を各部門の事業計画として組織メンバーが目標化することであり，そのための判断基準と判断プロセスの明示を行う。意思決定の判断基準と判断プロセスは，最初に組織ルーティンのモデルで取り上げた，第2の管理的業務ルーティンを明文化したものととらえられる。たとえば，成功要因を標準化したコンピテンシーの設計が該当する。意思決定とは，最良の可能性を提供する資源配分パターンをつくりだすことである（Ansoff, 1965）。実行力を磨き上げる，経営の「型」としてのクリエイティブ・ルーティン（野中・勝見, 2004）ともいえよう。コンピテンシーとして，判断基準の明確化と判断プロセスのルーティン化によって，優れた経営者の意思決定が，管理者や組織メンバー全員にも再現可能であると考えられる。

第4段階は組織形態である。組織メンバーが各部門の事業計画をもとに，目標を達成するための一連の体制や制度構築である。システムとは，意思決定をもとに，職務の標準化・計画化・ルール化をすることである。また，一連の企業制度として体系化され，組織ルーティンの安定を生み出す。

以上の通り，組織ルーティンの実証研究から，戦略的組織ルーティンのメカニズムのモデル化を行った。意思決定と組織形態など一連の基準や制度は，組織メンバーの能率を一時的に高める。しかし，組織メンバー間の主体的，創造的，創発的な活動を持続することに課題が残る。一方，第1段階のイノベーションと，第2段階の組織学習は，組織メンバーのルーティン変化を生み出すプロセスともとらえることができよう。

Feldman（2000）によれば，組織メンバーにとって，意図した結果がでない場合や，意図せざる結果が生じた場合，何とか意図したようになるように，

修復（reparing）を図り，行為を拡張（expanding）する。さらに結果を追求しようと努力（striving）するだろう。また，Feldman and Pentland (2003) によれば，組織ルーティンの変化は，ルーティン構造よりもルーティン遂行の側面の問題である。組織ルーティンの安定と変化の問題は，本来，組織行動の安定性を求めるルーティンが変化を余儀なくされるという，組織ルーティン固有の現象に他ならない。この現象がもたらす問題について，ルーティンに関わる組織メンバーは，時折ルーティンを変えると指摘している。

組織変革と組織学習によって，組織ルーティンの変化が生み出され，それが持続的に変化するためには，安定を生み出す「型」となる意思決定とシステムの標準化が必要になる。その「型」は，作業ルーティンと管理的業務ルーティンを基盤とした戦略的組織ルーティンであると考えられる。

4. おわりに

先行研究から組織ルーティンの構造化を行い，戦略的組織ルーティンという安定（意思決定と組織形態）と変化（組織変革と組織学習）するメカニズムをモデル化した。現場の組織メンバーによる基本的な活動の反復を，他の組織メンバーが認識するインフォーマルな場と，模倣できるフォーマルな体制を設計することによって，組織ルーティンの変化が生み出されるのではないだろうか。競争優位の源泉・構築・持続は，組織ルーティンのメカニズムの考察によって明らかになるだろう。

また，組織ルーティンの機能の研究は，異例業務の想定や，それに対する作業の標準化を通して，リスクマネジメントやコーポレート・ガバナンスの問題として企業組織の根幹をなすものと考えられる。異例業務に対処する能力が，組織のルーティン活動として組み込まれている企業は，競争優位のケイパビリティをもつ。非定常業務をもルーティンと位置づけ，異例業務を標準化させた組織ルーティンとして位置づけることによって，組織のダイナミック・ケイパビリティが創出される。

本研究の意義は，現場の機能別組織ルーティンの機能に着目することによっ

て，組織変革の実現に向けた変革の戦略化（strategizing）と行動化のメカニズムがより鮮明に説明できるものと考えられる。また，組織メンバーの労働・活動・仕事に着目した，現場の戦略論研究への発展可能性であろう。

　今後の研究課題として，組織ルーティンの機能が，ダイナミックで非連続的イノベーションの戦略化プロセスにおいて有効かどうか確証を得る必要がある。

第2章
企業の持続性の分析単位としての組織ルーティン

〈要 旨〉

　RBV の定義や解釈が混乱していることに対して、「資源」と「能力」の分離を行っている議論に焦点を当て、その問題点を批判的に検討した。その結果、経営資源と組織能力の研究焦点が、「競争優位の源泉」に当たってしまうことから、研究者によってアプローチ方法、事象の認識、意味の解釈の仕方が多様となる。その原因は、Burrel and Morgan の社会科学の諸アプローチを特徴づけている立場の差異から生ずるものであり、経営資源と組織能力の理解は、経営理念・ビジョンとの関係から深めようとすると、観察者である社会やステークホルダーと、行為主体者である経営者や組織メンバーの客観的と主観的なとらえ方が交錯した図式ができあがる。ここに、経営資源と組織能力の理解は、視点や立場、さらに目的の違いによって混乱が生ずるのである。したがって、経営資源と組織能力の考察において不可分性が指摘できよう。

1. はじめに

　経営戦略論の分野では、1990年代以降、経営資源あるいは組織能力に焦点を当てた研究が多く見られる[3]。こうした研究は、一般に "Resource Based

---

3　Hansen & Wernerfelt, 1989; Dierickx & Cool, 1989; Prahalad & Hamel, 1990; Barney, 1991, 1996, 2001; Castanias & Helfat, 1991; Grant, 1991; Quinn, Doorley & Paquette, 1991; Hall, 1992, 1993; Mahoney & Pandian, 1992; Amit & Schoemaker, 1993; Peteraf, 1993; Normann & Ramirez, 1993; Treacy & Wiersema, 1993; Markides & Williamson, 1994; Hays & Pisano, 1994; Black & Boal, 1994; Collis, 1994; Pine, Peppers & Rogers, 1995; Schendel, 1994: Montgomery, 1995; Foss & Knudesn, 1996; Sanchez & Heene, 1997; Teece, Pisano & Shuen, 1997 などがあげられる。

View"（以下では「RBV」と略す）と呼ばれるアプローチである。企業が有する経営資源あるいは組織能力に企業の競争優位を見出すというRBVの発想は，端的に言えば企業の強みの分析である。これらの研究に共通する問題意識は，「企業を経営資源の集合とみなし，それらの経営資源がもたらす組織能力を含めたResourceが企業競争優位の優劣を生み出す」というものである[4]。

RBVの代表的な議論は，Selznick（1957）の「組織独自能力」[5]，Penrose（1959）の「経営資源の集合体としての企業」[6]，Nelson and Winter（1982）の「ルーティン」[7]，Wernerfelt（1984）の「資源ポジション障壁」[8]，伊丹（1984）の「見えざる資産」[9]，Barney（1991）の「競争優位の源泉」[10]などである。しかしRBVにおける経営資源および組織能力の定義は，様々な視点からの解釈により混乱をきたしているといえよう。

これらの定義の多様な解釈をめぐる混乱の背景には，経営資源と組織能力を詳細に区分して分析するという，ポジショニングベースの戦略論の手法を選択していることに起因していると考えられる。なぜなら，RBVはPorter（1980）の産業組織論的理論を相互補完するとして有効な観点を提供しているにもかかわらず，競争優位の源泉をポジショニングベースによって分析しているからである。つまり，両者の共約不可能性の問題ではなく，RBVがポジショニング

---

[4] ここでは，「Resource-based View」の様々な研究アプローチを，「経営資源」と「組織能力」に分け，これらを含めたものと定義する。

[5] 「組織の性格」ということと関連づけて「独自能力」という用語で説明をしている。それは，日常の定型化された業務遂行（routine）を行う組織能力よりも，危機的な状況に直面した時に発揮される組織独自の変革能力である（Selznick, 1957, pp.29-32：訳書，pp.38-42）。

[6] 企業の経営資源を物的資源（工場，設備，土地，原材料等）および人的資源（生産過程において蓄積される知識やノウハウ）としてとらえ，その両者の相互作用の重要性を指摘している（Penrose, 1959）。

[7] ルーティンは組織内の標準化・公式化された業務（マニュアル化された業務）を意味しているが，Nelson and Winter（1982）は，企業内の業務・活動がルーティン化されていることならびにそれらの類似性に着目し，これらのルーティンが外部環境の変化に対応してどのように変化していくのかと捉えている。

[8] 資源ポジション障壁とは，ある者が，すでに経営資源を有しているという事実が，後発的に経営資源を保有した者の費用あるいは収益に不利に作用する状態である（Wernerfelt, 1984, p.173）。

[9] 経営資源および組織能力を含めた総体的概念としての経営資源を構成する1要素として使用されている（伊丹，1984, p.44）。

[10] 経営資源の異質性と移動困難さが，競争優位の源泉となる論理を示している（Barney, 1991）。

ベースの手法によって説明されているという矛盾によるものである。

　本章では，これら RBV の定義や解釈が混乱していることに対して，「資源」と「能力」の分離を行っている議論に焦点を当て，その問題点を批判的に検討することにする。その目的は次の 2 点である。第 1 は，「経営資源を所与のものとして活用する組織能力に焦点を合わせる」のではなく，「競争優位の経営資源が存在しない場合における組織能力とは何か」を考察することにある。第 2 は，経営資源と組織能力の研究を，「競争優位の源泉」に着目することから，「競争優位の持続」に着目することによりその要因とメカニズムを，組織ルーティンによって解明することの重要性を指摘することにある。

2. 経営資源と組織能力の研究

　伊丹・加護野（2003）は，ヒト・モノ・カネといった資源と，技術力やブランドといった組織能力を総称する言葉として，経営資源という言葉を使っている。そして，資源と組織能力は「利用」されるものであり「蓄積」されるものである。つまり経営資源とは，中核としての見えざる資産も含めたものである。さらに，経営資源を競争優位の源泉として分類を行っている。それは，経営資源が汎用性のあるものか企業特性のあるものかという軸と，可変性のあるものか固定性のあるものかという軸である。汎用性があり可変性のある経営資源は，モノ・カネなどが相当し，企業特性のある固定性のある経営資源は技術力やブランドといった組織能力が相当するとしている。経営資源のなかで競争上の優位性，つまり他の企業が真似できない優位性の源泉となるのは，目に見えない情報的経営資源であるとしている。このように，RBV の議論では，組織能力その他の概念を包含する概念として経営資源という用語が使用されている。これら RBV で展開されてきた多様な議論を次に整理しておこう。

2.1 経営資源と組織能力の区別

　Hall（1992）は資源を，資産（asset）と技能（skill）に分類している。し

かし，資源の分類概念として，属人的（people dependent）か非属人的（people independent）[11]かという基準を示しており，その区別を元に考えるならば資産と技能の分類も曖昧なものとなってくる。Abell（1993）は，資源とコンピタンスを区別してとらえている。企業としての能力の独自性と中核性について強調しており，経営資源はそれら組織能力を発揮するための手段として位置づけている。しかし，資源の一部に人間を入れているため，コンピタンスは人間を離れて存在しないのであれば，資源も人間を離れて存在しないものととらえられる。Hall（1992）と Abell（1993）の研究において，資源と能力について区別されて定義されているものの，両者の関係は明示的ではない。

さらに，企業の資源について，資産を中心とする資源要素によって厳密に区分したのは Black and Boal（1994）である。彼らによると，資産は，市場で取引可能か否か，資産フローか資産ストックかによって分類される。資産フローは企業が即時入手できる資産で，資産ストックは資産フローから長時間かかって形成される資産である[12]。また，資源は内包された資源（contained resource）かシステム資源（system resource）かという基準によっても区別できるという[13]。内包された資源とは，境界が明確な資源要素の単純ネットワークをさし，資源要素の結びつきがわかりやすく複製しやすい特徴を持つ。システム資源とは，資源要素が複雑で有機的なネットワークによって形成される資源で，明確な境界を持たない。多くの場合は取引不可能である特徴を持つ。

このように，経営資源と組織能力に関する定義を厳密に行い，それらを区別してとらえる研究は，企業の競争優位の源泉の特定について理解を深化させたことには違いない。しかし，過度な区別を行うことによって，競争優位の源泉までもが分断されてしまう。その結果，本来明らかにしなければならない，競争優位の持続要因とメカニズムについて，ダイナミックなプロセスとしてとらえられなくなるであろう。

---

[11] Hall, 1992. p.139.
[12] 企業の資産には取引可能な資産フロー，取引不可能な資産フロー，取引可能な資産ストック，取引不可能な資産ストックという4種類の資産が存在することになる（Black and Boal (1994, pp.133-134)。
[13] Boal, 1994, pp.134-135.

2.2 経営資源と組織能力の関係

　Grant（1991）によれば，能力は，資源を活用するものと位置づけられている。経営資源と組織能力が有する比較優位の持続性は，それらの耐久性，他企業から見た透明性（transparency），移転可能性（transferability），複製可能性（replicability）に規定される[14]。Wernerfelt（1995）は，企業のもつ保有資源が組織能力との密接な結びつきが有効な戦略策定に不可欠であることを示しており，経営資源と組織能力の区別よりもその関係性に重点を置いている[15]。その流れから，Collis and Montgomery（1998）は，「事業，組織，資源それぞれの強みももちろん重要であるが，これら3者間にある関係性により大きな注意が払われなければならない」[16]と主張している。Barney（2002）は，Collis and Montgomery と同様に能力を資源に含めて考えている。「一般に企業の経営資源（firm resources）とは，すべての資産，ケイパビリティ（能力），コンピタンス，組織内のプロセス，企業の特性，情報，ナレッジなど，企業のコントロール下にあって，企業の効率と効果を改善するような戦略を構想したり実行したりすることを可能にするものである」[17]。

　このように，Black and Boal の経営資源と組織能力を峻別する立場から，資源や能力間における関係の重要性が示され，Grant や Barney から，組織能力を経営資源に包含し活用する立場によって資源や組織の特性が示された。しかし，いずれの経営資源からのアプローチも，経営資源と組織能力の分類が中

14　Grant, 1991, p.123.
15　「これまでの戦略分析を見ればわかるように，戦略的な経営の多くの局面は，企業の異質性を抜きにして考えられうる」し，「組織プロセスと組織デザインに関する最近のほとんどは，このような立場に立脚している」（Wernerfelt, 1995, p.173.）。
16　Collis and Montgomery, 1998, p.72.
17　具体的には，経営資源を財務資本，物的資本，人的資本，組織資本に分類している（Barney, 2002, p.156；邦訳上巻，pp.243-244）また，これらのうち戦略的に価値あるものが「経営資源」なのであり，その本質はケイパビリティ，コア・コンピタンスで，これらは結局のところ同義であるが，コア・コンピタンスについては，多角化戦略との関連でのみ使用するのが適当だという（Barney, 2002, pp.156-157；邦訳上巻，p.245）。これらのうち，戦略的に価値あるものが経営資源としてとらえ，その本質はケイパビリティ，コア・コンピタンスであるととらえている。

心となり，持続的要因とメカニズムを解明するものではなかった。

2.3 経営資源と組織能力のメカニズム

経営資源からのアプローチに対して，組織能力からのアプローチの研究も見られる。Christensen (1996) は，組織能力を「経営資源を生産的な目的のために構造化し方向づける (orienting) 力量 (capabilities)」としている。また，Sanchez and Heene (1997) も，組織能力を「組織目標達成のための経営資源をバランスよく活用する力 (ability)」と定義している。そして，より具体的には，「オープン・システムとしての組織（戦略的）目標，組織プロセス，組織内の相互依存性等の鍵概念を示し，それらの統合された全体としての，組織能力を把握している」[18]。これら組織能力の定義も，経営資源を前提とした概念としてその関連で把握することの重要性を示していることになる。このように，経営資源と組織能力は概念的には区別してとらえられるにしても，本質的な部分では不可分的なものであることが指摘できる。

3. 組織能力の概念体系

近年の組織能力研究からの視点から見ると，経営資源と組織能力を概念的に区別してとらえ，組織能力の概念的体系化によって企業評価の要因を組織マネジメントの視点から行う研究がある。藤田 (2007) は，経営資源が既に獲得された有形，無形の経営資源（ここでは会計上の資産を含む）を意味するのに対して，組織能力とはそうした経営資源を獲得する力，経営資源を活用する力等を意味する点にあるとしている。そして，組織能力の定義を，「経営資源を蓄積，統合，活用し，製品・サービスを生み出す力」としている。さらに藤田は，経営資源と組織能力を概念的に区別し，経営資源が「物質」あるいは「もの」のアナロジーで捉えられる概念であるのに対して，組織能力は「行為」あ

---

18 Sanchez and Heene, 1997. pp.7-8.

るいは「こと」として把握される概念であるという違いである。

　経営資源の側から組織能力をとらえようとすると，経営資源と組織能力の「もの」や「こと」の分類に焦点が当てられる傾向にあるが，藤田の経営資源と組織能力を概念的に区別することによって，組織能力の側から，しかも，組織デザインや組織マネジメントのダイナミックなプロセスでとらえることが可能となるであろう。その結果，企業評価という視点から経営資源と組織能力のメカニズムを明らかにすることにつながってくる。

　RBV では，経営資源および組織能力が企業の競争優位の源泉であるという基本問題意識がある。またインタンジブルズ（intangibles）[19] および IC（Intellectual Capital）においても，無形の要素（すなわちインタンジブルズ）が，経済的富の創造の原動力になっているという問題意識がある。しかし，いずれにおいても有形の経営資源と無形のそれとのいずれがより競争優位に寄与されるかは明示的に示されていない。

　インタンジブルの特徴的な問題意識は，企業の経営成績あるいは競争優位に影響を及ぼす情報が，従来の財務報告では十分なされてこなかったという点である。これは RBV には全くない視点である。インタンジブルと同様に IR（Invester's Relations）の観点から，企業が有する無形あるいは知的な経営資源に関する情報を測定・認識しようとする概念が IC[20] である。さらに，藤田は，経営資源，組織能力という視点から企業評価を行っている。具体的には，企業経営にとって重要度が高い経営資源であるブランドおよび特許権に関する知的財産戦略の定量分析をもとに，ブランド・マネジメント力と技術力（研究開発力）を統合した組織能力の測定モデルを提示している。この点は，従来の RBV 関連の研究にはまったく欠落していたところであると指摘している。また，経営資源および組織能力について，具体的な測定モデルを比較検討しつつ，組織能力に関するオリジナルな測定モデルを提示している。

19　インタンジブルズという用語は，米国のブルッキングズ研究所（*Brookings Institution*）のタスクフォースによる研究報告書および同研究所がニューヨーク大学の Lev 教授に委託した研究の報告において使用されている概念である。
20　IC という用語はスウェーデンの保険・金融サービス会社である *Skandia* が，1993 年 Annual Report において公表したのが実務における先駆けである。

藤田の組織能力の測定モデル（図 2-1）は，単なる測定モデルではなく，マネジメント・モデルでもあり，組織能力のメカニズムを動態的に構造化したものである。この点は，BSC（戦略マップ）の発想からその因果関係を定量的に確認している点にもつながっており，極めて理論的であり事業活動の実践的な視点が取り入れられている。

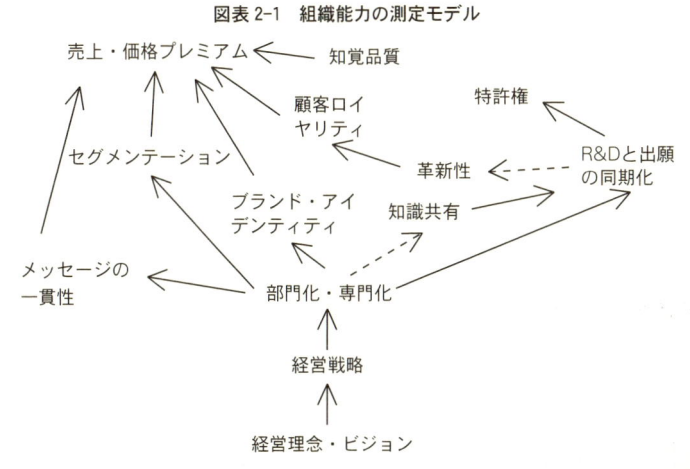

図表 2-1　組織能力の測定モデル

売上・価格プレミアム ← 知覚品質
　　　　　　　　　　　顧客ロイヤリティ　　　　　　特許権
セグメンテーション　　　　　　革新性 ← R&Dと出願の同期化
　　　　　　ブランド・アイデンティティ　知識共有
メッセージの一貫性 ← 部門化・専門化
　　　　　　　　　　↑
　　　　　　　　経営戦略
　　　　　　　　　　↑
　　　　　　経営理念・ビジョン

出典：藤田（2007, p.228）。

　これらの経営資源および組織能力をシステム概念，組織構造，機能等の組織論的な見地から検討に加え，組織能力は，伝統的な組織構造や機能等の組織論の概念よりも，企業組織の有効性（業績）を直接説明あるいは予測する概念としてとらえる見地である。そのためには組織能力の体系化が不可欠であることを指摘している。組織能力の源泉に経営理念・ビジョンを位置づけ，経営戦略を構想する。そのうえで，部門化・専門化によって組織能力が形成される。この測定モデルは実証研究から構築されたモデルとなっており，経営資源と組織能力の不可分性について考察する際に有効であると考えられる。そこで，藤田の組織能力の測定モデルを援用することによって，企業の競争優位の持続要因とメカニズムを検討することにする。その前に，研究方法の基本的な方向性について整理しておきたい。

4. 研究方法について

　Burrell and Morgan（1979）の「社会理論における4つのパラダイム」[21]を参考に，経営資源と組織能力の構成要素と基盤要素を，資本関係・法規制・制度，組織デザイン，経営戦略の3つに区分して図表2-2のとおり分類整理する。主観主義的アプローチと客観主義的アプローチという二項対立的なとらえかたは意見が分かれるところであるが，RBVで見られたような，経営資源と組織能力に関する定義や解釈の多様な議論について，整理する枠組みを提示す

図表2-2　経営資源と組織能力の構成要素と基盤要素

経営資源と組織能力の基盤要素 ＼ 経営資源と組織能力の構成要素	（主観的）組織能力：ヒト，行動，組織ルーティン	（客観的）経営資源：モノ，カネ，資産，情報，知識，ブランド，知的財産
（存在論）資本関係・法規制・制度	（唯名論）実在する構造が存在しない可視化できない事業活動プロセス等	（実在論）明確な構造からなる実在としての有価証券報告書等
（認識論）組織デザイン	（反実証主義）本質的に相対的であり個人内部の視点から自ら変更	（実証主義）観察者の視点から構成要素間の規則性や因果関係を探究
（人間性）経営戦略	（主意主義）人間は完全に自律的であり新たな経営資源を開発	（決定論）環境により完全に決定され所与の経営資源を活用

出所：Burrell and Morgan, 1979：訳書 p.6.を参考に著者が加筆。

21　彼らは，組織論におけるパラダイムを「解釈主義」「構造－機能主義」「ラディカル人間主義」および「ラディカル構造主義」の4つに分類している。この4つの分類の際に，「存在論」「認識論」「人間性」および「方法論」に関して「主観主義的アプローチ」と「客観主義的アプローチ」を区別している（Burrell and Morgan, 1979：訳書 p.5）。主観主義的アプローチに対して，唯名論的存在論，反実証主義的認識論，主意主義的人間性，個性記述的方法論が採用される。一方，客観主義的アプローチでは，実在的存在論，実証主義的認識論，決定論的人間性，法則定立的方法論がとられる（Burrell and Morgan, 1979：訳書 pp.6-10）。

るものと考えられるからである。

　経営資源として一般的に理解されているものは，モノ，カネ，資産，情報，知識，ブランド，知的財産である。一方，組織能力として理解されているものは，ヒト，行動，組織ルーティンなどである。

　第1に，経営資源と組織能力は，企業が社会で存続するための資本関係，法規制，制度の影響を直接受ける。経営資源については，企業の業績を表現する有価証券報告書などにおいて厳密に記述する傾向にある。一方，組織能力は，法規制，制度に対する活動の背景や，組織メンバーの置かれた環境を探究することを強調し，状況の「内側に入ること」ならびに日常活動のプロセスに関与することによって生み出す主観的説明の分析を強調することになる。そのため，組織能力は実在する構造が存在しない可視化できない事業活動プロセス等で存在するものととらえられる。

　第2に，経営資源と組織能力を，組織体制や組織形態を示す組織デザインとの影響で考察すると，2つの異なった認識視点からとらえられる。経営資源は観察者の視点から，構成要素間の規則性や因果関係を探究する傾向にあるため，組織体制の見直しを頻繁に図り，業績成果との関係を実証的にとらえようとする。一方，組織能力は行為主体者の視点から，組織における現象や活動は本質的に相対的であり，個人内部の視点から自ら変更しようとする。人間は完全に自律的であり自由意志を備えているとするため，組織デザインによって決定されず，目標達成のために自ら組織デザインを変更して反実証的にとらえようとする。

　第3に，経営資源と組織能力を経営戦略との関係で考察する場合，経営戦略の実行の側面に着目する必要がある。組織メンバーの活動が所与の経営資源で実行する場合は，存在している状況や環境により完全に決定されると考える。経営戦略における，計画的なポジショニング・ベースアプローチなど，外部環境の競争優位の位置取りに照準が合わされる。一方，組織メンバーが完全に自律的であり，新たな経営資源を開発する視点で組織能力を構築していく見方がある。それは，創発的で知識創造の戦略論につながっていく。

　しかし，このような主観主義的アプローチと客観主義的アプローチという二項対立的なとらえかたで，経営資源と組織能力をとらえようとすると，分析す

る視点（立場）と目的が異なってくることが明らかになるだけで、「競争優位の源泉」要因は明確になるとしても、「競争優位の持続」要因とそのメカニズムの解明には課題が残る。そこで、藤田の組織能力の測定モデルにあるように、組織能力を経営戦略とのつながりにおいてとらえ、起点として経営理念・ビジョンと連動させて実行することに着目することが重要であろう。なぜなら、経営戦略の実行場面で企業は、経営目的と経営行動の一貫性が社会やステークホルダーから問われることになるからである。経営理念・ビジョンは、社会やステークホルダーに対して、オープン・システムとして位置づけて展開されることが要請されるからであり、かつ企業は社会やステークホルダーに対して存在価値を持続させる必要に迫られるのである。その結果、企業は競争優位の組織能力そのものを再定義し、持続と変革を余儀なくされるのである。

経営理念・ビジョン、経営戦略を起点にして経営資源と組織能力の枠組みを理解するに当たって、Burrell and Morgan（1979）が社会の性質に関する次元として示した「レギュレーション」と「ラディカル・チェンジ」の観念によって図2-3のように整理することが可能であると考えられる。

前者の「レギュレーション」によって、経営資源と組織能力は、第1の要素である資本関係、法規制、制度の影響を大きく受けて、第2の要素である組織デザインが位置づけられる。一方、「ラディカル・チェンジの社会学」は「レギュレーションの社会学」と完全に対称的な立場に立っており、基本的関心は急進的変動、深層的な構造的コンフリクト、支配の諸様式、ならびに構造的矛盾に対する説明を見つけることにあり、これらを現代社会の特徴ととらえるところにある。この視点は、本質的に人間の発展の可能性を制限し阻害するような諸構造から人間を解放することに関心をもつ社会学をあらわしている。このように考えると、「ラディカル・チェンジの社会学」を、社会やステークホルダーの視点や立場からの変革要求に対して、企業は経営者の哲学によって経営理念・ビジョンを表明する[22]。そして、経営理念・ビジョンとの関係から経営

22　ここでは経営理念と経営哲学を区別してとらえる。「経営理念は経営者が自ら企業経営について表明する見解であり、1つは企業内部に対する指導原理であり、もう1つは対社会関係の指導原理である。しかし、企業内部に対する指導原理は経営哲学の問題である」（中川, 1972）。この定義から経営理念は、CSRやコンプライアンスの面からステークホルダーなど対社会関係における企業活動の

資源と組織能力を変化させる。経営資源と組織能力の理解は，経営理念・ビジョンとの関係から深めようとすると，観察者である社会やステークホルダーと，行為主体者である経営者や組織メンバーの客観的と主観的なとらえ方が交錯した図式ができあがる。

図表2-3　経営資源と組織能力をとらえる視点（立場）と目的

ラディカル・チェンジの社会学
（社会・ステークホルダーの視点）

（主観的）組織能力	経営理念・ビジョンにより，組織能力の認知ならびに意識の諸様式を変化させる（ラディカル人間主義）	経営理念・ビジョンにより，経営資源の構造の関係性をコンフリクト変革によって変化させる（ラディカル構造主義）	（客観的）経営資源
	資本関係，法規制，制度，組織デザイン，経営戦略と組織能力の関係を解釈的にとらえる（解釈主義）	資本関係，法規制，制度，組織デザイン，経営戦略と経営資源の関係を機能主義にとらえる（機能主義）	

レギュレーションの社会学
（経営者・組織メンバーの視点）

出所：Burrel & Morgan（1979：22：訳28）の4つのパラダイムによる社会理論の分析に著者が加筆。

ここに，経営資源と組織能力の理解は，視点や立場，さらに目的の違いによって混乱が生ずるのである。この混乱を避けるためにも，競争優位の持続要因とメカニズムは，ダイナミックな組織能力の分析単位として組織ルーティンに着目することが有効であると考えられる。

指導原理として表明される側面がある。また，「一般に経営理念ないし経営哲学は，経営者が企業経営に対してもつ基本的な価値，態度，信念や行動基準をさしており，それは経営哲学といわれる」（占部，1980）ことから，経営理念を対社会関係における企業活動の表明，経営哲学を企業内部の経営における指導原理と区別してとらえられる。

5. 組織能力の分析単位としての組織ルーティン

　Teece and Pisano（1994）は，組織能力を，ダイナミック・ケイパビリティと呼び，その性質について，よりミクロ分析的な説明を記し，個人や組織が実践をつうじて獲得する習慣やルーティンを扱っている。ルーティンは，ある組織が実際に行っていることを表すのにたいして，ケイパビリティの場合，ある組織が，さらに資源の再配分を行えば，実行できるようになるかもしれないことをも含んでいる，という点である。このように，企業のルーティンは，ケイパビリティの部分集合であり，企業の実現可能な事柄に影響を及ぼす。さらに，Teece, Pisano and Shuen（1997）は，資源ベースの観点からは，ルーティンは環境変化に応じて変動する企業組織の活動と，経営資源を結びつけるダイナミック・ケイパビリティを構成するものであると指摘している。

　組織能力をミクロで分析すると，個人のルーティン活動にたどりつく。しかし，組織能力を分析するには，個人のルーティン活動をコントロールしている組織ルーティンに着目することが重要であろう。大月（2004）によれば，組織行動のルーティン化現象は，市場環境の安定・不安定に関係なく進展する（Massini. et.al., 2002）。またルーティンをいかに形成するかは，組織にとって重要な課題である（Axelrod and Cohen, 1999）。これに比して，組織ルーティンの進展にともなう組織への影響の研究が少ないことを指摘している。そして，組織ルーティンが組織行動にとって重要な要因であることを意思決定論的な観点から，組織ルーティンは反復的な「実行プログラム」であるとともに組織行動の信頼性を形成するもの（March and Simon, 1958）や，組織的意思決定の基本的要因である（Cyert and March, 1963），とみなされてきた。進化経済学の観点から，ルーティンは組織の技能と能力であり，企業の進化にとって重要な要因であるという見方が提示された（Nelson and Winter, 1982）。さらに資源ベースの観点から，ルーティンが企業組織のダイナミック・ケイパビリティに貢献するものと見なされた（Teece and Pisano, 1994）。

　また，別の角度から，組織ルーティンのあり方というより，そのメカニズム

に着目したとらえかたがある。それは，組織ルーティンは変化する状況に対する組織の適応力に影響する組織化の文法であるとする主張である（Pentland and Rueter, 1994）。さらに組織ルーティンを，選択状況に生ずるプレッシャーに直面する組織学習のコンテクストにおいて，反復的に遂行する実行能力であると見なす，行為主体を含んでとらえる見かたである（Cohen, et.al., 1996）。

　企業の持続的成長と発展要因や，競争優位の源泉や持続の議論は，経営資源と組織能力に照準が合わされる。しかし，今までに考察してきたように，経営資源と組織能力のとらえ方が多様化し，その議論の焦点化が必ずしも絞られているわけではない。そこで，本章では，経営資源を活用し開発する組織能力そのものの現象や事象に着目して考察することにする。前節で整理した経営資源と組織能力のとらえかたとしては，組織能力に重点をおいて，組織能力の成果現象や事象としての，事業活動そのものである職能別組織ルーティンに焦点を当てる。

5.1　組織ルーティンの考察

　組織ルーティンをその礎として形成するのは，管理的業務ルーティンと，さらにその根底には，作業ルーティンが位置づけられる。また，職務ルーティンも，それぞれの戦略的組織ルーティン，管理的業務ルーティン，作業ルーティンとして存在する。これらは，組織ルーティンの3つの階層を表すものである。

　Hofer and Schendel（1978, p.149）は経営資源を，5つの部門業務から例示している。それは，研究開発，生産（オペレーション），マーケティング，財務・経理，人事である。それら5つの部門機能を，財務資源，物的資源，人的資源，情報・技術的資源の4つに分けて2次元で経営資源を把握しようとするものである。さらに，個別的組織能力について，5つの部門機能を表2-2のようにその内容を例示している。この5つの部門における経営資源を活用した個別的組織能力は，職能別組織ルーティンに相当する。この枠組みを援用することによって，組織能力を，ダイナミック・ケイパビリティである組織ルー

ティンという視点から次に考察を加えて行きたい。

図表2-4 個別的組織能力の例示

研究開発	生産 (オペレーション)	マーケティング	財務・経理	人事
技術情報の共有度 R&Dと特許出願 同期化	生産効率 製品歩留率 リードタイム	顧客ロイヤリティ 知覚品質の高さ	財務資産の運用成績	人事制度の有効性

出典：藤田（2007, p.78）。

　ここでは，企業の意思決定のパターンを示す組織ルーティンに焦点を当てて，組織のケイパビリティをとらえることにしたい。組織能力のなかでも職能的組織ルーティンについて考察するため，表2-2で示された5つの組織能力を次の4つに組織ルーティンに整理して考察することにする[23]。第1の生産（オペレーション）は，生産現場における組織ルーティンである。第2のマーケティングは，営業販売部門における組織ルーティンである。第3の研究開発は，研究開発部門における組織ルーティンである。第4の財務・経理と第5の人事は，管理部門における組織ルーティンである。次に以上4つの組織ルーティンについて整理しておこう。

5.1.1　生産部門における組織ルーティン

　現場の組織メンバーの熟練は人的能力に負うところが大きいが，組織能力としてとらえると作業や管理業務の標準化と計画化がその基盤となっている。もの造りの側面においては，組織ルーティンとして機能するためには，製品アーキテクチャ（product architecture）[24]の基本設計構想が必要であり，競争優位の組織ルーティンを形成するフレームワークとしてとらえることができよ

---

[23] 主に製造業に関する部門機能についての整理であるが，流通業やサービス業においても，営業販売部門や管理部門における内容は含んでいる。また，これらの組織ルーティンの整理は，筆者が21年間にわたって，上場企業約500社の業務分析により，人材育成研修と諸制度構築やシステム改善など，コンサルティング活動を整理したものである。

[24] 製品アーキテクチャとは，「どのようにして製品を構成部品に分割し，そこに製品機能を配分し，それによって必要となる部品間のインターフェース（情報やエネルギーを交換する「継ぎ手」の部分）をいかに設計・調整するかに関する基本的な設計構想である」（藤本, 2003）。

う。

　経営資源と組織能力に区別して議論を進めると，生産システムと人に分けられ，組織ルーティンが変化するプロセスへの視点が欠落する。第1は，新製品開発における新たなシステムへの変更が強いられる場合，大幅な段取り換えが生じることが予想される。その場合，組織メンバーの変化への抵抗意識と対応行動へのスピードに関する課題がある。イノベーションによって要請される新たなシステムへの変更に対しても，組織全体が対応をルーティン化しておくことが求められ，それは組織の変化対応能力として位置づけられるであろう。第2は，組織の変化対応能力は組織学習のプロセスでもあり，職場全体やチームごとの小集団活動や各種プロジェクト活動によって促進される。組織全体での展開では，経営理念を経営戦略として浸透させることにより，現場組織メンバーの納得度がその後の経営計画と業務活動を円滑に推進することにつながる。第3は，変化対応の組織能力とは，意思決定や判断基準の明確化をする活動でもある。経営資源や組織能力の区別からだけでは，異例事態が発生した場合の対応能力を構築してきた組織ルーティン活動が，その範囲としてとらえられない傾向にある。第4は，生産部門の活動は設備と情報システムなどシステムに依存する部分が大きく，調達業務の効率化と安定化もこれによって一時的に実現する。多くの企業では，優れた他社の設備と生産システムを模倣することによって革新と改善を行おうとするが，これらの経営資源と組織能力を区別してとらえて導入しようとしても，イノベーション，組織学習，意思決定も共進化して機能していなければ効果は期待できない。このように，経営資源か組織能力は不可分性があり，組織ルーティンという動態的で，それぞれの要素との関係性からの視点によって競争優位の持続の議論を進めていく必要があろう。

5.1.2　営業販売部門における組織ルーティン

　営業販売部門において，経営資源は情報システムを中心としたマーケティング・システムに，組織能力は営業販売ノウハウを中心とした人的能力に着目される傾向がある。そのため，一連のマーケティング・システムと人的能力との関連性と連動性の視点が欠落してしまうのである。それは組織ルーティンの視

点であり，ここに経営資源と組織能力の不可分性が指摘できよう。

　経営資源と組織能力に区別して議論を進めると，組織ルーティンが変化するプロセスの説明において課題が残る。第1は，組織が社会や市場環境の変化や顧客のニーズの変化を恒常的な現象としてとらえることによって，持続的イノベーションを創出する視点が欠落することである。第2は，顧客も参画した協働の場面設計と，組織学習を誘発する活動のシステム化によって，商品開発や新たな流通システム開発などにつながってくる。組織メンバー間同士と部門間の情報共有そのものを，経営資源と組織能力としてとらえる必要性である。そのためには組織学習の場の設計と活動のプロセスそのものを，組織ルーティンとしてとらえる視点が求められる。第3は，人とシステムを切り離してしまうことによって，静態的な経営資源と組織能力の把握になることである。業績の変化や顧客ニーズ変化を察知するシステムと，判断基準の明確化は人とシステムの連動性によってもたらされる。判断基準の明確化は，情報システムを駆使することによって，属人的な判断基準ではなくシステム的で計数的な指標によって意思決定が可能となってくる。第4は，顧客情報管理システムの構築，マーケティング戦略の構築，ロジスティクスマネジメントの標準化など，システムを構築し活用するプロセスの視点である。とくに営業販売部門において営業担当者の属人的な能力か，優れたマーケティング・システムに依存することが多く，システムが変化するプロセスへの視点が欠落する傾向にある。営業担当者や販売担当者の日常計画や行動をフレキシブルに標準化し制度化しておくことによって，優れた属人的な能力を組織の能力として共有化し高めていくことが可能となる。

5.1.3　研究開発部門における組織ルーティン

　競争優位の持続としての組織能力は，研究開発戦略に関する影響が大きく，経営理念・ビジョンとの整合性も極めて重要になる。トップ・マネジメントの意思決定の基準も，経営理念・ビジョンと研究開発戦略の一貫性が必要となろう。卓越した能力をもった研究開発者が，企業に突然変異的に生み出されるのではなく，卓越した研究開発者が多く生み出される組織には共通した組織ルーティンが存在する。また，研究開発に関する評価では，新製品開発に関わる評

価基準の明確化や，知的財産権の知識と特許取得もこのルーティン活動のなかに含まれる。

　そこで，研究開発部門における経営資源と組織能力を区別してとらえようとすると，見えてこないいくつかの現象がある。第1に，組織メンバーの既存技術への拘りを排除する視野の拡大である。研究開発部門は，社会や市場環境との関係から閉ざされた中で位置づけられていると，研究開発担当者にイノベーションの姿勢は見られないだけでなく，社会や市場環境と乖離した活動に陥る傾向にある。常にイノベーションを起こす姿勢と，変化を厭わない意識が求められる。研究開発部門における経営資源と組織能力の範囲の境界が，広く開かれていなければならないことになる。第2に，技術シーズと顧客ニーズを統合する方法と場の設計のために，組織内外との協働の場が必要になる。これら一連の環境整備を行うことが，競争優位の組織学習につながってくる。組織学習の対象も広く社会やステークホルダーも関わってこよう。第3に，新製品開発決定のため，意思決定システムの標準化と意思決定基準の統一が必要である。これらの意思決定プロセスの視点は，研究開発者の属人的な暗黙知として語られてしまう傾向にあるため，経営資源や組織能力として把握されにくい。第4に，研究開発方法のシステム化，研究開発活動のシステム化，研究開発投資の効率化などである。研究開発担当者へのモチベーション施策やインセンティブ施策なども極めて重要な制度として位置づけられる。研究開発部門や生産部門がグローバルに複数存在する大規模組織においては，全社共通の制度と，各事業単位固有の制度などの有効で効率的な運営が求められる。研究開発者に対する人事制度と知的財産権に関する制度などのシステムは，計画を行動に移し持続させるために非常に重要な要件となる。このように，事業活動の基軸となる研究開発活動は，経営資源と組織能力の範囲を限定してとらえることによって活動と成果が制限されてしまうため不可分性が指摘できよう。

5.1.4　管理部門における組織ルーティン

　管理部門の活動は，トップ・マネジメントの機能も担い，全社的意思決定機関として多岐に渡る役割がある。経営資源と組織能力のとらえる視点は全方位であり，世界の情勢や地球環境にかかわるものまで含めてとらえる必要に迫ら

れる。日常の管理部門の活動は，人的資源に関する部門，財務に関する部門，知的財産権に関する部門，法務やガバナンスに関する部門などに分かれ，組織ルーティンは，納得性のある制度やルールを構築することである。

　経営資源と組織能力に区別し，その範囲と働きかける主体を限定的にとらえて議論を進めると次の視点が欠落するであろう。第1は，グローバルな環境変化への迅速な対応と，制度とシステムの設計構築におけるスピードの視点である。そこでは，コンプライアンスを重視した組織体制の迅速な設計と整備が主な課題となる。また，イノベーションを制度的に展開する部門は管理部門であり，管理部門自らが変革の必要性を唱え，組織を動かすことが重要なルーティンとなる。第2は，オープンで自由に意見が言い合える，開かれた組織風土を築くために制度設計する視点である。例えば，組織間の部門の垣根を低くするプロジェクト活動，人材育成部門が主体となり，部門と階層を横断する組織メンバーの教育，人事企画部門が各部門の実態を分析したうえでの人事諸制度の実施場面などがこれにあたる。さらに，一連の活動が社会や顧客に評価される活動の設計も合わせて求められている。第3は，コア事業やコアスキルを発展させるための，意思決定と制度設計構築のプロセスに関する視点である。経営企画部門などの意思決定は全社戦略に関するものであり，部門と現場部門との意思統一とその行動の計画化が重要な課題となってくる。つまり，全社組織メンバーが一丸となって活動を展開するために，経営企画部門は全社組織メンバーが納得する意思決定のあり方を共有化しルーティン化する必要がある。その結果，顧客やステークホルダーにとって，納得度の高い制度とシステムの設計につながる。第4は，知的財産権（特許など）の維持制度構築，人事諸制度の構築，人材育成制度の構築，企業評価を高める会計評価制度の構築があげられる。ここでの活動は，プロジェクト活動の設計と，それを円滑に推進する制度やシステムを構築する組織能力の視点である。管理部門の組織ルーティンは，他の部門を顧客部門と位置づけ，現場の実態と要求を把握することが必要である。そのうえで，組織メンバーが主体的に活動できる環境整備を行うことが極めて重要な組織ルーティンとして位置づけられる。このように，持続的成長と発展する組織の管理部門においては，経営資源と組織能力を広い範囲で不可分としてとらえることが極めて重要になろう。

6. おわりに

　本章では，RBV の定義や解釈が混乱していることに対して，「資源」と「能力」の分離を行っている議論に焦点を当て，その問題点を批判的に検討した。その結果，経営資源と組織能力の研究焦点が，「競争優位の源泉」に当たってしまうことから，研究者によってアプローチ方法，事象の認識，意味の解釈の仕方が多様となる。その原因は，Burrel and Morgan の社会科学の諸アプローチを特徴づけている立場の差異から生ずるものであり，経営資源と組織能力の理解は，経営理念・ビジョンとの関係から深めようとすると，観察者である社会やステークホルダーと，行為主体者である経営者や組織メンバーの客観的と主観的なとらえ方が交錯した図式ができあがる。ここに，経営資源と組織能力の理解は，視点や立場，さらに目的の違いによって混乱が生ずるのである。したがって，経営資源と組織能力の考察において不可分性が指摘できよう。

　ブランドや知財を代表するような経営資源と，組織メンバーの日常業務活動を中心とする組織能力は，社会や個人によって意味の解釈や評価までもが異なってくる。経営資源ないし組織能力の研究は，ダイナミック・ケイパビリティとしての動態的な活動プロセスに着目した事象や現象に焦点を当てることによって，それらの関係とメカニズムが明らかになるだろう。「競争優位の源泉」ではなく，「競争優位の持続」への着目であり，現場での事業活動と組織メンバーの業務活動である職能別組織ルーティンの考察によって，経営資源ないし組織能力そのものの本質が具体的に見えてくるものと考えられる。そのためには，藤田が提示したように，組織能力の測定モデルの体系化によって分析することが極めて有効であり，企業の事業活動と組織メンバーの業務活動プロセスそのものを対象としてとらえることであろう。つまり，その考察対象は，組織ルーティンに着目して分析することである。このように，現場の組織ルーティンに着目し，変化するプロセスと安定するプロセスを，戦略的組織ルーティンの枠組みによって活動を分析することが重要であろう。戦略的組織ルー

ティンは，生産現場，営業・販売部門，研究開発部門，管理部門において，イノベーション，組織学習，意思決定，システムの4つの要素から構成される。経営資源と組織能力の関係とメカニズムを，4つの要素から構成される戦略的組織ルーティンによって分析することで，競争優位の持続要因とメカニズムが明らかになるだろう。

　今後の課題であるが，組織ルーティンの分析が，競争優位の持続要因とメカニズムについて，理論的な基盤と実証研究がさらに必要であろう。そのためには，各職能における活動そのものである組織ルーティンの安定と変化を繰り返すプロセスを考察することである。それは，各職能部門で構築された諸制度や，プロジェクト活動など組織形態の形成と変化と経営戦略の関連を，組織能力の測定モデルの起点となる経営理念・ビジョンとの関係で考察する必要がある。

第 3 章
戦略的組織ルーティンの SECI プロセスによる形成メカニズム

〈要 旨〉

　経営理念の機能化が戦略的組織ルーティンに及ぼす影響要因を，SECI プロセスの援用により解明することである。研究方法として，持続的成長と発展モデルと戦略的組織ルーティンの遂行プロセスモデルを提示し，企業の持続性のメカニズムをモデル化した。その結果，組織変革は経営者の意思決定の基準明確化により組織ルーティンが破壊され，組織メンバー間の相互作用を促進する組織形態により競争優位の戦略的組織ルーティンが安定することが明らかになった。さらに，新たな環境変化への対応のため，組織学習の誘発と促進による戦略的組織ルーティンの変化と創造が新たな組織変革を生み出していた。つまり，内生要因として，組織変革期の経営者の経営理念と連動した意思決定と，組織メンバー間の相互作用を生み出す組織形態の変化で，組織学習がルーティン化されたのである。

1. はじめに

　企業間の競争が激化することで競争優位の持続性が難しくなってくる。現在の優れた企業とは，長いあいだ安定して競争優位を保っているのではなく，一時的な優位（Temporary Advantage）をくさりのようにつないで，結果として長期的に高い業績を得ているように見えているのである（Wiggins and Ruefli, 2002；2003；2005）。このように，企業の持続性は組織変革の連続であり，イノベーションをもルーティン化する活動としてとらえる必要があ

る。

　企業の持続性に関する先行研究の中には，経営理念が組織メンバーの意識に浸透することで企業の持続的成長に直接結びつくという研究が見られる。また，経営実務家の中にも，「経営理念が自社の持続的成長の根源にある」と表現する経営者が少なくない。しかしこれらの研究の結果や経験知の言明を実証研究するには，本質的に内生性の問題を考慮しなければならない。別の要因によって左右されるモデレーティング効果の影響を考慮しなければならないからである。

　本章では，組織変革期において経営理念を機軸にした組織ルーティン[25]の安定と変化に着目し，企業の持続性のメカニズムを明らかにする。そこで，最初に戦略的組織ルーティンの4つの要素を仮説として提示した。第1は組織変革の断行，第2は組織形態の構築と変化[26]，第3は意思決定の基準明確化，第4は組織学習の誘発と促進である。これら内生要因と経営理念の機能との関係は，SECIプロセスを援用することでそのメカニズムが解明できるのではないかと考えたからである。

　組織変革によるさらなる成長の持続には，まずトップ主導による意思決定の基準明確化が不可欠になる。次に組織形態の構築と変化を通した組織メンバー間の相互作用による行動が欠かせない。しかし，これら4つの要素を取り上げてモデレーティング効果を検討するだけでは，一時的な成長と発展のメカニズムを説明できても，持続的な成長と発展のメカニズムを十分に説明できるとは言い難い。つまり，これら4つの要素間にボトルネックを生じさせないため

25　組織ルーティンとは，組織ルーティンが組織行動にとって重要な要因であることを意思決定論的な観点から，組織ルーティンは反復的な「実行プログラム」であるとともに組織行動の信頼性を形成するもの（March, J.G. and Simon, H.A., 1958）や，組織的意思決定の基本的要因である（Cyert, R.N. and March, J.G., 1963），とみなされてきた。進化経済学の観点から，ルーティンは組織の技能と能力であり，企業の進化にとって重要な要因であるという見方が提示された（Nelson, R.R. and Winter, S.G., 1982）。さらに資源ベースの観点から，ルーティンが企業組織のダイナミック・ケイパビリティに貢献するものとみなされた（Teece, D.J. and Pisano, G., 1994）。

26　本研究では，全社的なプロジェクト活動や，部門横断（クロスファンクショナル）活動など，組織（内部）能率と，市場（外部）有効性を可能にする柔軟な組織形態として位置づけた。フラクタル組織形態により，企業の持続的成長と発展を支える組織ルーティンの安定と変化が繰り返されるものと捉えた。

には，組織メンバー間の相互作用による組織学習が必要である。そこでは，経営理念の機能が4つの要素を結びつけて統制するものと考えられた。

これらの4つの要素の結びつきによる内生要因を明らかにするため，キヤノンの創業期から現在までの組織形態の構築と変化に照準を合わせて，経営理念の機能との関係から持続的成長と発展につながる影響要因を考察した。

2. 事例研究に先立つ2つの予備考察モデル

事例分析に先立って2つの予備考察モデルを提示する。第1は，先行研究を基にした持続的成長と発展モデルである。第2は，組織ルーティンの先行研究を基にした戦略的組織ルーティンの遂行プロセスモデルである。

事例調査の方法は，キヤノン社史を一次データとして管理者を中心とした社員数人へのインタビューと文献研究を用いた。

2.1 持続的成長と発展モデル

企業組織の成長と発展段階モデルのなかで，Greiner (1972) のモデルは，組織の進化要因と革命要因を明確にしている。Daft (2001) は，Greiner のモデルと Quinn and Cameron and Kim (1983) の組織のライフサイクルに立脚し発展させたモデルを提示し，企業組織の成長段階と発展要因の両面から各段階の要因を実証研究している。

これら先行研究から，持続的成長と発展モデルを提示した。各段階における要因を簡潔に整理すると，創業期の成長と発展要因は，「経営者の理念と創造性」であり，阻害・危機要因は「経営者チーム形成と権限委譲」である。スタート・アップ期の成長と発展要因は「経営管理機能構築」であり，阻害・危機要因は「経営管理機能分化」である。成長期の成長と発展要因は「ドメインと経営戦略構築」であり，阻害・危機要因は「経営戦略と組織構造の適合」である。安定期の成長と発展要因は，「資源ベースによる経営戦略の実行」であり，阻害・危機要因は「資源ベースによるイノベーション」である。再成長期

の成長と発展要因は「新ビジネスシステム創出」と外部資源依存による「M&A（合併・買収）」であり，阻害・危機要因は「組織変革」である。これらのモデルの構築により，企業の成長と発展の各段階で，内部経営資源と組織能力の変化についてダイナミックな視角から考察が可能になる。

2.2 戦略的組織ルーティンの遂行プロセスモデル

経営理念の組織と個人への相互浸透プロセスについて，Nonaka and Takeuchi（1995）のSECIプロセスに依拠して，戦略的組織ルーティンの4要素との関係を示したモデルを提示する。その前に，戦略的組織ルーティンの遂行プロセスとSECIプロセスとの関係を整理しておきたい。

共同化（Socialization）は，言葉によらずに，観察，模倣，訓練などの共有体験を通して他人の持つ暗黙知を獲得する。そのため，組織メンバー間の相互作用を円滑にする組織形態が求められる。表出化（Externalization）は，経営理念をベースにした知識創造において最も重要な段階である。この表出化を促すのが「対話」であり「共同思考」である。連結化（Combination）は，既存の形式知と体系的に結びつけて新たな形式知を生み出すプロセスである。形式知はデジタル的な知であり，情報システムの構築を中核にした組織学習のプロセスで獲得できる。内面化（Internalization）は，行動による学習と密接に関連している。つまり形式知を自覚的な実践スキルとして内面化するということである。内面化された高質な暗黙知は「知恵」と呼びうるものであり，それがさらにまた新たな共同化へつながって行く。組織メンバー間で経営者の意思決定の内容を自らの活動に意味づけて変換させる必要がある。そのためには内面化という変換モードが作用するのである。

戦略的組織ルーティンの4要素と，経営理念の機能の関係について図表3-1で整理した。経営理念と経営戦略の連動，そのうえで経営管理制度の構築が基盤となって戦略的組織ルーティンが形成される。戦略的組織ルーティンは安定と変化を繰り返しながら，競争優位の組織能力の開発・活用・蓄積・修正を行う。

戦略的組織ルーティンの安定は，意思決定と組織形態によってもたらされ

図表 3-1　戦略的組織ルーティンの4要素と経営理念の機能化

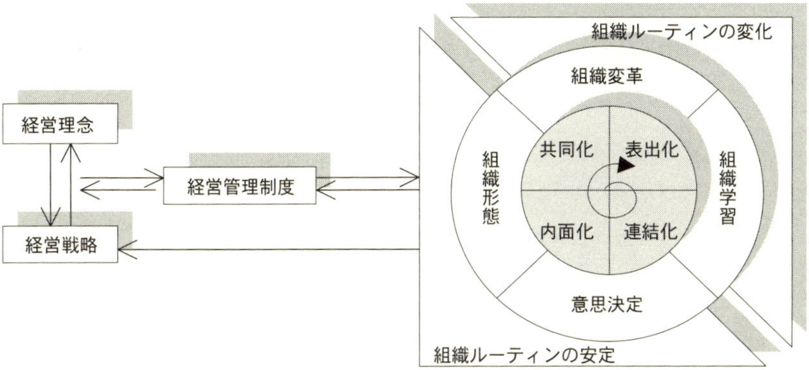

[図：経営理念⇔経営管理制度⇔経営戦略、および組織ルーティンの変化（組織変革）／安定を囲む円内に、共同化・表出化・連結化・内面化のSECIプロセスと、組織形態・組織学習・意思決定の4要素を配置]

出所：筆者作成。

る。意思決定は，経営戦略を各部門の事業計画や業務目標を実現するためのものである。それは，判断基準の特定と判断プロセスの明確化を行うことである。組織形態は，各部門の事業計画や業務目標を組織メンバーの業務や作業を円滑に遂行させるものである。各部門や職務における情報システムや生産システムなどの構築と，組織メンバーのコミットメントとモチベーションを高める経営管理諸制度の構築が基盤となる。戦略的組織ルーティンの安定は，トップ主導による意思決定と組織形態の設計によって一時的に可能となる。しかし，組織メンバー間の組織学習による活動が持続しなければ，組織ルーティンの安定そのものも困難となる。

一方，戦略的組織ルーティンの変化は，組織ルーティンの安定が前提となり，トップ主導の組織変革と組織メンバー間の組織学習によってもたらされる。組織変革は事業活動と経営理念の整合性を問い直すことで，組織変革を恒常化しルーティン化する活動ととらえることができる。そこで組織学習をルーティン化させるためには，組織メンバーが経営理念を自らの活動として内面化できるような組織形態が必要である。

3. 戦略的組織ルーティンの SECI プロセスによる形成メカニズム

　経営理念の機能が戦略的組織ルーティンに及ぼす影響要因を，SECI プロセスによる形成メカニズムで示したのが図表 3-2 である。
　野中・遠山・平田（2010）は，知識資産を知識創造プロセスの SECI プロセスに対応させて 4 つに分類している。共同化は，「感覚知識資産」であり，表出化は，「コンセプト知識資産」であり，連結化は，「システム知識資産」であり，内面化は，「ルーティン知識資産」である。これらの知識資産は，組織の理念と戦略が，個人の使命と役割として相互浸透することで組織能力として機能するものと考えられる。
　組織ルーティンの破壊は，経営者による組織変革の断行と，意思決定の基準明確化で成し遂げられる。この段階で知識創造の SECI プロセスが機能しているとは考えにくく，むしろ過去に学習された知識棄却の活動になる。
　戦略的組織ルーティンの安定は，SECI プロセスの内面化のプロセスが当てはまる。一方，図表 3-1 で提示した組織変革が組織学習を生み出すというサイクルは，図表 3-2 では逆になり，組織学習が新たな組織変革を生み出している。しかし，キヤノンの事例では，経営理念の表出化が組織学習にも影響を及ぼしているものと考えられるため，組織変革と組織学習は相互依存的な関係にある。つまり，経営者の役割機能とミドルや組織メンバーの役割機能との連動による相互作用のプロセスである。
　戦略的組織ルーティンの変化は，組織形態の構築と変化によって，組織メンバー間の意識と活動が共同化する。その結果，競争優位の戦略的組織ルーティンへと変化する。さらに，そこから環境変化に適応できる戦略的組織ルーティンへと変化するためには，組織学習の誘発と促進が欠かせない。組織学習を促進させるのは，経営理念の表出化を機軸にした組織変革の断行であり，意思決定の基準明確化であると考えられた。
　戦略的組織ルーティンの創造の段階で，意識と行動の連結化をはかるための経営管理制度が欠かせない。経営管理制度を基盤とした組織学習の誘発と促進

図表 3-2　経営理念の機能が戦略的組織ルーティンに及ぼす影響要因
—SECI プロセスによるメカニズム—

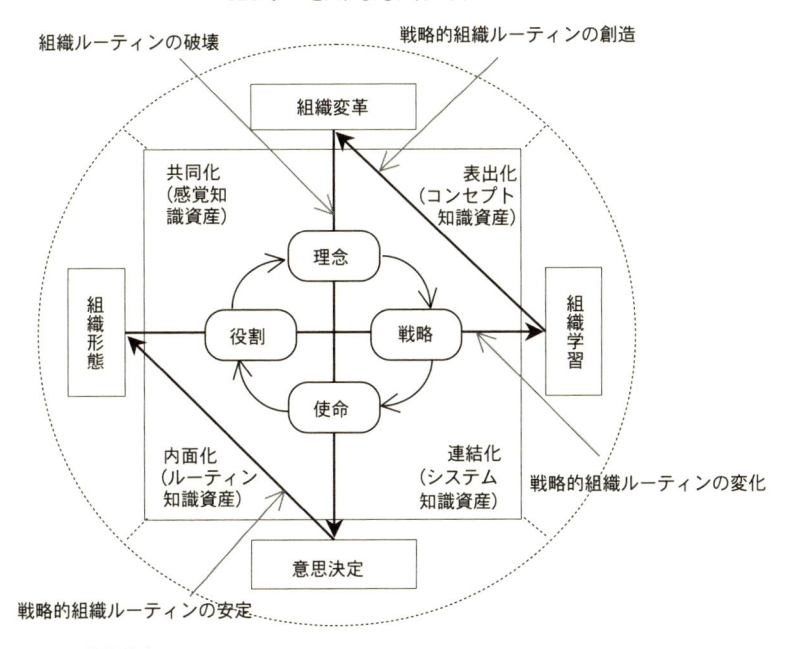

```
         組織ルーティンの破壊        戦略的組織ルーティンの創造
                        ┌──────────┐
                        │ 組織変革 │
                        └──────────┘
         共同化                        表出化
        (感覚知                      (コンセプト
         識資産)                       知識資産)
                        ┌──────┐
                        │ 理念 │
   ┌──┐                └──────┘                ┌──┐
   │組│         ┌──────┐   ┌──────┐         │組│
   │織│         │ 役割 │   │ 戦略 │         │織│
   │形│         └──────┘   └──────┘         │学│
   │態│                ┌──────┐                │習│
   └──┘                │ 使命 │                └──┘
                        └──────┘
         内面化                        連結化
        (ルーティン                   (システム
         知識資産)                     知識資産)       戦略的組織ルーティンの変化
                        ┌──────────┐
                        │ 意思決定 │
                        └──────────┘
     戦略的組織ルーティンの安定
```

出所：筆者作成。

は，新たな環境変化に対して適応できる組織変革への障壁を取り除くとともに，新たな戦略的組織ルーティンを創造する。つまり，ルーティンから組織ルーティンが形成され，新たな組織変革をもルーティン化させるのが戦略的組織ルーティンの創造である。このように，戦略的組織ルーティンそのもののルーティン化によって，イノベーションを常軌化させるものと考えられた。

4. おわりに

本章では，第1に，戦略的意思決定レベルにおいて，組織ルーティンの形成過程に経営者の経営理念がどのように影響を及ぼしているのかモデル化したことである。第2に，戦略的組織ルーティンの4要素を指摘し，経営管理制度と

の関係性を明らかにしたことである。第3に，経営哲学ないし経営理念の研究は，"組織形態"のダイナミックな変化によって機能することの重要性を指摘したことである。

　今後の課題は，第1に，経営理念と組織ルーティンの関係について，"組織学習"を生み出す"組織形態"に照準を合わせて研究することである。第2に，企業の組織変革を，20年程度の期間に渡って"組織形態"のダイナミックな変化を質的調査することである。第3は，安定する管理的業務ルーティンと作業ルーティンを，どのように結びつけて戦略的組織ルーティンとして変化させるのか，トップ・ミドル・メンバー間のインタラクティブな相互作用の考察によるメカニズムの解明が必要である。

第Ⅱ部
戦略的組織ルーティンのメカニズム

第4章
組織変革による戦略的組織ルーティンの形成プロセス―キヤノン―

〈要 旨〉

　研究方法として，持続的成長と発展モデルと戦略的組織ルーティンの遂行プロセスモデルを提示し，キヤノンの創業期から現在までの考察により企業の持続性のメカニズムをモデル化した。その結果，組織変革は経営者の意思決定の基準明確化により組織ルーティンが破壊され，組織メンバー間の相互作用を促進する組織形態により競争優位の戦略的組織ルーティンが安定することが明らかになった。さらに，新たな環境変化への対応のため，組織学習の誘発と促進による戦略的組織ルーティンの変化と創造が新たな組織変革を生み出していた。つまり，内生要因として，組織変革期の経営者の経営理念と連動した意思決定と，組織メンバー間の相互作用を生み出す組織形態の変化で，組織学習がルーティン化されたのである。

1. はじめに

　企業間の競争が激化することで競争優位の持続性が難しくなってくる。現在の優れた企業とは，長いあいだ安定して競争優位を保っているのではなく，一時的な優位（Temporary Advantage）をくさりのようにつないで，結果として長期的に高い業績を得ているように見えているのである（Wiggins and Ruefli, 2002 ; 2003 ; 2005）。このように，企業の持続性は組織変革の連続であり，イノベーションをもルーティン化する活動としてとらえる必要がある。

企業の持続性に関する先行研究の中には，経営理念が組織メンバーの意識に浸透することで企業の持続的成長に直接結びつくという研究が見られる。また，経営実務家の中にも，「経営理念が自社の持続的成長の根源にある」と表現する経営者が少なくない。しかしこれらの研究の結果や経験知の言明を実証研究するには，本質的に内生性の問題を考慮しなければならない。別の要因によって左右されるモデレーティング効果の影響を考慮しなければならないからである。

本章では，組織変革期において経営理念を機軸にした組織ルーティン[27]の安定と変化に着目し，企業の持続性のメカニズムを明らかにする。そこで，最初に戦略的組織ルーティンの4つの要素を仮説として提示した。第1は組織変革の断行，第2は組織形態の構築と変化[28]，第3は意思決定の基準明確化，第4は組織学習の誘発と促進である。これら内生要因と経営理念の機能との関係は，SECIプロセスを援用することでそのメカニズムが解明できるのではないかと考えたからである。

組織変革によるさらなる成長の持続には，まずトップ主導による意思決定の基準明確化が不可欠になる。次に組織形態の構築と変化を通した組織メンバー間の相互作用による行動が欠かせない。しかし，これら4つの要素を取り上げてモデレーティング効果を検討するだけでは，一時的な成長と発展のメカニズムを説明できても，持続的な成長と発展のメカニズムを十分に説明できるとは言い難い。つまり，これらの4つの要素間にボトルネックを生じさせないためには，組織メンバー間の相互作用による組織学習が必要である。そこでは，経

---

[27] 組織ルーティンとは，組織ルーティンが組織行動にとって重要な要因であることを意思決定論的な観点から，組織ルーティンは反復的な「実行プログラム」であるとともに組織行動の信頼性を形成するもの（March, J.G. and Simon, H.A., 1958）や，組織的意思決定の基本的要因である（Cyert, R.N. and March, J.G., 1963），とみなされてきた。進化経済学の観点から，ルーティンは組織の技能と能力であり，企業の進化にとって重要な要因であるという見方が提示された（Nelson, R.R. and Winter, S.G., 1982）。さらに資源ベースの観点から，ルーティンが企業組織のダイナミック・ケイパビリティに貢献するものとみなされた（Teece, D.J. and Pisano, G., 1994）。

[28] 本研究では，全社的なプロジェクト活動や，部門横断（クロスファンクショナル）活動など，組織（内部）能率と，市場（外部）有効性を可能にする柔軟な組織形態として位置づけた。フラクタル組織形態により，企業の持続的成長と発展を支える組織ルーティンの安定と変化が繰り返されるものと捉えた。

営理念の機能が4つの要素を結びつけて統制するものと考えられた。

これらの4つの要素の結びつきによる内生要因を明らかにするため，キヤノンの創業期から現在までの組織形態の構築と変化に照準を合わせて，経営理念の機能との関係から持続的成長と発展につながる影響要因を考察した。

2. 組織変革の考察単位としての組織ルーティン

組織変革の研究は，1970年代において事象の結果を観察する静態的な研究が主であったが[29]，1980年代に入るとプロセスを考察する動態的な研究が見られるようになり[30]，1990年以降には，計画的・創発的といった類型化の研究が見られるようになった[31]。本研究が認識する組織変革は，動態的な視点から経営者と組織メンバーの相互作用に注目するため，組織変革の断行が及ぼす影響を比較的長期間の事業活動を考察する必要がある。

一方，組織ルーティンの研究を戦略レベルでとらえて整理すると，企業の連続性と安定性を保証する遺伝子のようなものと理解できる（March and Simon, 1958; Nelson and Winter, 1982; Teece and Pisano, 1994）。また，組織ルーティンは，変化する状況に対する組織の適応力に影響する組織化の文法であるとの主張（Pentland and Rueter, 1994）もある。さらに，組織ルーティンには安定する局面と変化する局面がある（藤本，2000；大月，2004：2007）ことから，組織ルーティンのとらえ方は多様である。実証研究も生産部

---

29 1970年代の環境変化が連続的な時代においては，"organizational change"（Greiner, L.E., 1967），"organizational development"（French, W.L. and Bell, Jr.C.H., 1973）と，静態的な構造変動としてとらえられた。現実の組織変革がどのようなプロセスでなされているのか（Weick, K.E., 1979），という進化モデルも見られた。しかし，組織メンバーが現実をどのように認識するのか，その解釈に対する合理性基準が不明確である，といった問題が残された。

30 1980年代に入り，環境変化が不連続となり，"organizational transformation"（Levy and Merry, 1986），"organizational transition"（Kimberly, J.R. and Quin, R.E., 1984）と，動態的な行為変動へ移行した。その後，組織変革の研究は1980年代半ば以降，組織変革の次元，漸進的変革とラディカルな変革（Tushman, M.L. and Romanelli, E., 1985），漸進的変革と不連続変革（Nadler, D.A. and Tushman, M.L., 1995）など，類型化される試みがみられるようになった。しかし，これらの類型化は，組織変革の結果の分類にとどまり組織変革のプロセスを考察したものではなかった。

31 計画的な組織変革と，創発的な組織変革（Mintzberg, H., 1994）。

門（藤本, 2003）と研究開発部門（桑嶋, 2006）において見られるだけであり，組織の戦略レベルを考察対象とした研究は見られない。このことからも，組織ルーティンに焦点を合わせた持続的成長と発展のメカニズムの研究は，必ずしも進展しているといえないのである。

　そこで最初に，組織ルーティンの構造を3つの階層に分けて整理することにした。第1の層は作業ルーティン，第2の層は管理的業務ルーティン，第3の層は戦略的組織ルーティンである。本研究の考察対象とする戦略的組織ルーティンの構造は4要素で構成され，それらが経営理念を機能化させるものと位置づけた。戦略的組織ルーティンの遂行プロセスは，4要素のうち意思決定と組織形態によって組織ルーティンが安定し，組織変革と組織学習によって組織ルーティンは変化するというモデルの提示である。

3. 企業制度とは

3.1　制度の特性

　小松（1983）は，制度を「過程」の産物であると指摘している。制度とは，諸個人が社会的行為を営む場合，彼らが則るべき社会的基準として機能すると同時に，諸個人の行為を規定する。しかし，制度は社会構成員の共通的行為習慣の客体化した存在であるため，時間をかけて形成されたものであるとする。つまり，社会的営みのための創意・工夫といったものに端を発し，集団生活の知恵，慣習，組織の運営原則などの共通的行為習慣から客体化して，制度となり，あるいはより公式化されて法制度となるのである。一方，逆に制度が変化を示すとすれば，それはむしろ外的強制力によるのである。その外的強制力とは，生産力ないし生産技術の発展にほかならないと指摘している。

　このように制度には，社会構成員の共通的行為習慣として形成される内的形成力の側面と，生産力ないし生産技術の発展を代表するような外的強制力の側面が存在することになる。前者の制度は習慣や慣習が自然にルール化されたものととらえられ，後者はシステムや規則によって行為習慣を制度化するものと

とらえられる。

　次に，組織能力であるダイナミック・ケイパビリティの関係で企業制度をとらえる場合，以上の2つの側面から考察することが重要になる。

　第1は，社会的営みのための創意・工夫といったものに端を発し，集団生活の知恵，慣習，組織の運営原則などの共通的行為習慣から客体化して，制度となり，あるいはより公式化されて法制度となるのである。第2は，逆に制度が変化を示すとすれば，それはむしろ外的強制力によるのである。

　組織の規則との関係において，組織がどのように成員の行動を形づくるかに関する議論を展開した最初の理論家の1人はSimon（1976）であった。Simonは，個人の認知的能力の限界を，組織構造の性質に結びつけ，個人は，組織の一員となることに同意することによって，組織の価値前提（value premises）を，意思決定の指針として採用するものと期待される。事実前提（factual premises），すなわち目的―手段の関係についての信念もまた，組織の規則，手続き，ルーティンという形で一般的に与えられている（Simon, 1957, pp.220-247）。

　Simonは，Marchと一緒に，問題を解こうとする際に従うルーティン化された「実行プログラム」（performance programs）や処方策を発展させることによって，組織がどのように成員の行動を形づくるかに関する議論を展開した。実行プログラムとは，繰り返し発生する要求に直面した個人に対し指針を与える事前に定められたルーティンであり，それは，大部分の組織成員の自由裁量を大いに減少させ，そのため彼らの選択数を減少させるとともに，実際に行われる選択がより制限されたものになる。価値前提，認知的枠組み，規則，およびルーティンは，個人をして合理的な行動に導く要因である。まさしく，「合理的な個人とは，組織化され制度化された個人のことであり，またそうでなくてはならない」（Simon 1957, p.102）。

　このように，ダイナミック・ケイパビリティと企業制度の関係を理解しようとする場合，サイモンが指摘するように，個人の認知的能力の限界を，組織構造の性質の関係から考察することが求められるであろう。

3.2 制度の3支柱

　企業制度について考察する前に，制度そのものがどのように理解されてきたのか，経済学や社会学における代表的な理論について整理しておこう。

　第1は，制度経済学の創始者たちの定義である。制度主義における制度の定義において，「習慣」概念が中心的な位置を占めている（Veblen, 1899; Hamilton, 1932; Commons, 1931）。

　第2は，現代制度主義（Modern institutionalism）を主張するHodgson (1988) の定義である。「制度とは，伝統，慣習，あるいは法的制約によって，持続的かつ定型的な行動パターンを作り出す傾向のある社会組織」（Hodgson, 1988）であり，「広く社会的相互作用を構造化する確定した，埋め込まれた社会的ルールの持続的なシステム」（Hodgson, 2003）であると，習慣の概念を受け継いでいる。

　第3は，制約あるいはルールとしての制度という見方である。人間が自らの相互作用を成り立たせるために考案した制約（North, 1990）や，自己拘束的な，行動に対する制約（Greif, 1997）ととらえている。

　第4は，文化的・認知的枠組みとしての制度という見方である。制度は，社会的行動に対して安定性と意味を与える，認知的（cognitive）[32]，規範的（normative）[33]，規制的（regulative）[34]な構造と活動から成り立っている。また制度は，文化，構造，およびルーティンといった媒介によって伝達され，制御の及ぶ範囲で多端的に作用する（Scott, 1995）。

　第5は，文化的・認知的枠組みとしての制度を発展させた社会学的な制度理解である。

　「規制的」「規範的」「文化的・認知的」という3つの要素は，意識的なもの

32　認知的（cognitive）支柱を代表する論者に，Schank and Abelson (1977) ; Lord and Kernan (1987) ; Meyer and Rowan (1977) ; DiMaggio and Powell (1983) があげられる。
33　規範的（normative）支柱を代表する論者に，Berger and Luckmann (1967), March and Olsen (1989) があげられる。
34　規制的（regulative）支柱を代表する論者に，North (1990) があげられる。

から無意識的なものへ，また法的に強制されるものから当然とみなされるものへといった連続性を形成している。こうした制度理解は，図4-1のとおり整理できる。

図表4-1 スコットによる制度理解―3つの支柱

	規制的	規範的	文化的・認知的
順守の基礎	利便性	社会的義務	自明性 共通理解
秩序の基礎	規制的ルール	拘束的な期待	構成的な仕組み
メカニズム	強制的	規範的	模倣的
論理	道具性	適切性	伝統性， 共通信念
指標	ルール 法 制裁	証明 認可	共有された行動論理
正統化の基礎	法的制裁	道徳的統治	包括的で認識可能な 文化的支持

出所：Scott（2001；p.52）。

　これら3つの支柱は，1970年代以降のDiMaggio and Powell（1991）などの多くの社会学者たちによっても共有されている。すなわち，ある行動が社会の中で適切な行動とされるのは，情報を処理する際に依拠する「スキーマ（schema）」や，ある状況に直面した時に何をどのような手順で行えばよいかを整理する「スクリプト（script）」といった認知心理的枠組みが，その社会を構成する主体の間で共有されているからだと考えるのである（DiMaggio and Powell, 1991）。

　これらの制度理解について，Scott（1995）はこう指摘する。「多くの理論家は，制度的諸要素－規制的（regulative），規範的（normative），認知的（cognitive）－のそれぞれに対して同等のウエイトを与えるというよりも，むしろ，そのうちのどれか1つを重要なものとして強調してきた。これらの議論に対し，より分析的なアプローチを採ることによって，その領域を横切る重要で根源的な理論上の断層線（fault lines）を確認できる」。このように，制度は，領域を横切る要素から制度の目的を理解する視点が提示された。

3.3 制度の形態と変化

塩沢（2006）によれば，進化するものの諸カテゴリーは次の7つの視点からその変化の特質をとらえることができる。(1)商品，(2)技術，(3)行動，(4)制度，(5)組織，(6)システム，(7)知識である。この7つのカテゴリーのうち，最初の4つ（商品，技術，行動，制度）は，それぞれ個別性（あるいは個体性）が比較的はっきりしており，同一のカテゴリーのなかで個々の進化するもの同士の競合が考察しやすい。これに対し後の3つ（組織，システム，知識）は，個別性よりも体系としてのあり方に注目がいく。複製は一般的に不可能であり，知識などについては，個々人の所有する知識について複製を行うことはできても，人類が共通としてもつ知識という意味では，世代を超える伝達・複製しか意味がない。このように，カテゴリーごとにその性格・特性には違いがあるが，相違が絶対的なものでないことにも注意を要すると指摘している。そのカテゴリーのなかで，塩沢は制度（institutions）に着目し，経済学の古くからの重要な主題であるにもかかわらず，制度の確立した定義はないとしたうえで，制度とは，次の3つの形をとる無形・有形の社会的存在と考える。それは，第1に社会に受け入れられた行動の規範，規則（暗黙裡のものを含む）である。第2に社会的に制定された基準，およびそれを体現するものである。第3に社会的に制定され特定の役割を果たす諸機関である。

制度とよく似た概念としてルールがある。盛山（1995）によれば，ルールや制度など，社会的な諸概念のほとんどが理念的にのみ実在であるという。企業や組織の変化についてとらえる視点として，経営戦略論において，人々の行為と組織の行為に照準が合わされる。さらに，それらの戦略や行動を生み出したルールや制度そのものを探求していくことの重要性を指摘している。人間も行為も経験的にみれば何らかの物理的存在である。なぜなら，社会現象として記述するには物理的存在に対して社会の側が賦与している社会的な意味の体系を用いざるをえないからである[35]。行為者の観念の中に存在する一次理論と，

---

35 盛山（1995）は，客観的世界の主観的意味構成とでもいうべき機制を，これまでの社会理論は完

「それぞれの社会的世界に内属する諸視点を超えた超越的な視点」を二次理論と位置づけている。そして,「ルールに従うこと」が実現できない理由を,一次理論を誤って二次理論だとみなしたためであるとしている。このように,組織の目標とは,一次理論のレベルにおいて人々(必ずしも成員だけではない)の間で「組織目標」として信じ込まれている内容にほかならない。

　盛山は,組織が協働の体系であるという通常の概念は基本的には間違ってはいないとしたうえで,理念的実在を認めている[36]。さらに,組織と制度は理念的な実在であり,基本的には意味および意味づけの体系であると指摘している。科学的認識が世界にすでに存在する意味および意味連関を発見するものであるのに対して,制度における意味は社会によって新しく創造された意味である。しかし,意味だけが社会的世界としての制度を構成するのではない。意味はそれ自体としては目にも見えず,触れることもできずただ単に思念されるのみである。このように,制度というものがそれだけで人々に強く「客観的」なものとして映じるということはきわめて困難であり,そこで,一般の社会制度は次の3つの異なるレベルの体系の総合体だと考えたほうがいいと主張する。3つの異なるレベルの体系とは(1)意味の体系,(2)行為の体系,(3)モノの体系である。これらの社会制度は,企業や組織にも,企業制度の全体系を束ねた経営理念を機能させることによって適用可能な3つの異なる体系の理解が必要であろう。

全に見落としていると指摘している。さらに,行為者が属しているところの社会的世界の「客観性」の大部分が実は一次理論の内部でのそれにすぎないにもかかわらず,それを二次理論のレベルにおいても「客観的」だと前提してしまうところに原因がある。これを「一次理論の疑似二次理論化」と呼んでいる。
36 「もしも協働の体系という概念が単なる諸個人の相互作用の体系という概念と区別されるのでなければ,組織を市場と分かつ原理は与えられないということになる。その区別は,第一義的には,組織という存在およびそれを支える人々の協働が,自然的実在としてではなく理念的実在としての性質のものであることを認めることによって与えられるだろう。人々が実際に行為しているものとしての協働の体系ではなく,理念的に考えられた。そして一次理論による意味解釈を賦与された協働の体系が組織を構成するのである」(盛山, 1995:217-218)。

3.4 企業制度論

谷口（2006）によれば，企業制度論は，企業の制度的性質とダイナミクスの理解に向けて，企業変化と比較コーポレート・ガバナンスの問題を扱う。そして，企業で創発する多様な制度－企業制度－超ミクロ分析をつうじて，企業の本質について新しい仮説を提示することを目的に展開している。そこで谷口は，「インタラクティブ・アプローチ」（青木・奥野編，1996）と呼ばれる比較制度分析[37]の方法論に依拠し，制度的多様性と制度変化の理解によって，制度進化のメカニズムを理解することを試みている。

そこで展開される制度には二面性があることを指摘している。その二面性とは，制約すると同時に可能性を広げるという側面である。すなわち，制度は，限定合理的なプレイヤーの予想をコーディネートすることで，彼らの戦略の選択を制約する。そして，彼らが意思決定を行うのに必要な情報処理の節約をつうじて可能性を拡大する。もう一つの側面は，企業制度論では，制度が主体のマインドセットに影響を及ぼすには，ルールのシンボル化が本質的だと考えている。そこで，主体が共有している自己維持的な予想について，そのコーディネーションは，暗黙的ないしシンボリックな要約表現によって可能になるとしている。均衡の際立った特徴は，企業のビジョンなどのようにシンボルの形をとると説明している。

比較制度分析は，そうしたシンボルが，主体によって現実のものとしてうけとられた場合にのみ制度になる，という制度の実効化を重視する。たとえば，最近の企業倫理やCSRの取り組みにおいて，経営者が，外部の専門家や著名人を招いていくら（表面的に）すばらしい企業の倫理コードやガイドラインなどを作成したとしても，それらが組織の人々によって遵守されることなく，違法行為やハラスメントなどが蔓延しているようならば，そうした実効性のない紙片を制度とみなすことはできない。企業制度論は，制度の実効性を強調する

---

[37] Aoki（1990）は，日米の全体的制度配置を比較し，それぞれの定型化された事実にもとづいてJ型モデルとA型モデルを提示した。

立場に依拠し，社会にみせるためだけの倫理は不要だという意味で，「企業に倫理は必要ない」と主張する。

このように，企業制度論は，実効性のある実行性を重視したアクティビティのプロセス変化に着目する。企業変化の文脈では，変化のシンボルとしての新しいビジョン，そしてそれを創造する企業家の質が重要になると主張している。ただし，比較制度分析は，制度変化のトリガーとなる競合的なシンボルを外生的なものとみなしてきた。これにたいして，企業制度論は，企業変化の文脈で新しい方向性を示すフォーカル・ポイントとしてのビジョンが，外生的に与えられる与件ではなく，むしろ企業家によって内生的に創造されるものとみなす。したがって制度とその変化要因を重視するとしている。つまり，理論と現実の相互作用による企業変化の理解を重視している。

3.5 企業制度の分類

ここでは，企業経営における組織運営に関する制度を，企業制度と位置づけて具体的に整理しておこう。企業制度は大きく4つに分類できる。第1は，株式会社・企業・組織に関する企業の法的な側面や事業活動に関わる制度である。第2は，雇用・人事・教育・評価・福利厚生に関する人的資源のマネジメントに関わる制度である。第3は，給与・賃金・賞与・年金に関するインセンティブに関わる制度である。第4は，事業活動・仕事・業務に関する手続きやシステムに関する制度である。そこには，営業・販売・マーケティング部門，生産・製造・工場部門，研究開発部門の業務に関する制度も含まれる。

これら企業における制度は，法律との関係や，環境適応の組織デザインとともに変化するものであり，人事に関連した制度が如何に多く存在し，時代と共に変化しているのかが見えてくる。企業の持続的成長と発展を見る視点として，組織能力の束として，競争優位の組織ルーティンがあげられるが，それらの組織ルーティンを形成する基盤となるのが，企業制度であると考えられる。果たして，その仮説が妥当かどうか，改めてこれらの制度と組織ルーティンのつながりを解明していかねばならない。

企業制度の発展は，大きく2つの経路によって展開される。一つは，組織メ

ンバーの行動や習慣などが，組織の慣習となって，いくつかの段階を経て定着する方法である。もう一方は，企業の規則としてトップダウンで制度が導入され，組織メンバーがそれに従うことを強要される方法である。官僚制や終身雇用制，さらに大部屋制などは，その企業の組織文化が絡み合って培われてきた制度といえる。その意味では前者のボトムアップ制度と位置づけられる。一方，事業部制やカンパニー制，さらに執行役員制など，企業や組織に関する制度は，トップ・マネジメントによる意思決定によって制度が施行される。しかし，トップ・マネジメントの意思決定だけでは不十分であり，成果を創出する制度として定着することは保証されない。それだけではなく企業の組織活動に大きくマイナスの影響を及ぼす制度の導入も存在する。その例として，業績主義や成果主義報酬制度と呼ばれる，事業活動・仕事・業務の人事評価と賃金賞与にからむ制度がある。これらの制度導入と運用においては，公平で公正な評価システムが，組織メンバー間でも共通に認識し機能していることが条件である。組織メンバーの理解や納得の度合いを無視した導入では，企業の活力を阻害することもありうるのである。

　しかし，概ねここにあげた企業制度は，企業の持続的成長と発展の要因となり，そしてさらに進化するか，淘汰されたりした制度であるといえよう。多くの企業において制度として進化する前に，定着せずに淘汰される場合がある。例えば，生産製造におけるリーン生産方式や，トヨタ生産システムと呼ばれるものは，制度という呼称ではなく，方式やシステムという表現となっている。そのことは，他社が模倣を容易にするまでの制度として一般化されて理解し浸透することの困難さを示していよう。その体系と取り組みを明確にすることの困難がそこに表れている。これら模倣を困難にするものが組織能力であり，ダイナミック・ケイパビリティの要素としての組織ルーティンであるといえよう。

　このように，第4の事業活動・仕事・業務に関する制度は，その運用によって定着が行われる特徴をもつ。研究開発部門における特許発明報奨制度などは，企業の競争優位の制度としていかに組み立てるのか，さらに，生産製造部門における，熟練者のマイスター制度などはその企業固有の技能伝承に差異を生み出すものと考えられる。

　これら制度のなかでも，最も導入・定着・進化させることが困難なものの一

つに，人事制度における評価・賃金・給与・処遇に関する制度があげられる。成果主義報酬制度など評価や処遇にかかわる制度の導入は，企業の意思決定によって比較的容易に導入されて定着する特徴をもっている。これらの制度は，時代の流行や，他社も多く導入しているからという理由で導入することの危険性が指摘されている。なぜなら，その企業特有の歴史や文化，さらに経営理念などが密接に絡み合ってその内容が創出され，組織メンバーが納得して運用しなければ定着しないからである。定着しないばかりか，優秀な人材の放出や，知的所有権などの経営上の損失は莫大なものになる可能性もある。このように，経営理念と連動した経営戦略の構築を行うことが求められ，それらの経営理念と経営戦略を実行するためには，組織メンバーが円滑に活動できる経営システムや制度でなければならないのである。つまり，個々に存在する企業制度とは，経営理念を具現化させるアクティビティとして機能させる必要がある。

4. 事例研究：
キヤノン株式会社の組織変革と戦略的組織ルーティンの形成

経営理念の機能が戦略的組織ルーティンのどの時期にどの要素と深く影響を及ぼしているのか解明するため，キヤノンの成長と発展プロセスを，創業期，スタート・アップ期，成長期，安定期，再成長期の段階に分けた。そのうえで，戦略的組織ルーティンの4要素を考察する。

4.1 創業期，スタート・アップ期（1933年～1954年）

1934年には国産で初めての35ミリフォーカルプレーンシャッターカメラ「Kwanon（カンノン）」[38]を試作した。翌年の1935年，キヤノン標準型（ハンザキヤノン）を発表し，1937年には精機光学工業株式会社を設立，本格的な

---

38 カンノンと名づけたのは，吉田五郎が観音信者であったからで，ちなみにレンズは，カサパ（Kasyapa＝釈迦の弟子の迦葉のこと）という名で発売された。

企業活動を開始している。後に社名ともなった Canon には聖典，規範，標準などの意味があり，正確を基本とする精密工業のブランドにふさわしいと名づけられ，Hanza は発売元の近江屋写真用品株式会社の商標名だった。商品名と社名は経営者の哲学が根源になっていることは見逃してはならない。この研究所を資金面で支えたのが，内田三郎と親交のあった御手洗毅[39]であり，1942年社長となりキヤノンの基礎を築き上げた[40]。

創業期，スタート・アップ期では，御手洗毅初代社長の「3主義（実力・健康第一・新家族）」，「三自の精神」（自発・自治・自覚）」と呼ばれる経営哲学によって経営管理制度が設計された。人事管理を中心とした制度が基盤となって全社員のモチベーションが高まり，高い成果に繋がっていったものと理解できる。その結果，競争優位の基盤となる組織ルーティンが形成されていった。

創業期の組織ルーティンの形成は，1937年の精機光学工業株式会社の設立と，1939年に御手洗毅氏の取締役就任が，意思決定と組織形態の基盤となっている。医師として後に社長となる御手洗毅氏の理念が，製品開発においての経営管理においても色濃く影響を与えるのである。さらに，カメラ作りとレンズの自社生産，さらに国産初の X 線カメラの開発などが，組織変革と組織学習を生み出し，創業者の考えと価値観を反映した経営理念をベースにした経営で軌道に乗ったのである。

創業期からスタート・アップ期の特徴として，世界一の高級カメラ作りに情熱を燃やす若者たちによる創業が特徴的である。キヤノンの事業の始まりは，1人のカリスマ創業者個人ではなく経営者チームの形成によるものであった。

戦後の会社復興後すぐに，ドイツの高級 35 ミリカメラ「ライカ」を意識した「ライカに追いつき，ライカを追い越せ」のスローガンを唱え，良質な材料の不足している時期にあって，世界の頂点を目標とすることで社員を鼓舞し

---

[39] 御手洗毅社長は，1901年生まれで，北海道帝国大学医学部を卒業後，1929年に上京して国際聖母病院の産婦人科部長の職に就いていた。医師として働きながらも，精機光学工業株式会社の前身である精機光学研究所の創業当時から資金面で援助を続けるなど裏方として精機光学工業株式会社を支えてきた。社長就任後も医師と経営者を兼務しながら，近代的な経営に手腕を発揮した。生命を何よりも尊重する医師が経営者となり，後に社員の生きがいと働きがいを創造して行くのである。

[40] 創業期の御手洗毅はキヤノンの監査役であり，1939年取締役になっている（キヤノン史, 1987, p.18）。

た。このスローガンを実現するには，当時としては高すぎる目標であったと考えられる。スローガンは経営理念としての機能をもち，経営戦略と連動させた活動が設計されて行った。

これらのスローガンを実現するため，最初に手をつけたのは経営管理制度である。なかでも人事管理制度面において，御手洗毅社長が独自の経営方針を全社的に打ち出した。最初は，1943年上期末における「月給制の採用」[41]であり，続いて下期の「責任生産制」の施行であった。「責任生産制」は，月給制によって増収の刺激が失われ，作業効率の低下するのを懸念して生産グループに責任をもたせた能率加給制度で，月給制を補うためのものであった[42]。月給制と責任生産制は，キヤノンの「実力主義」の経営管理制度の始まりである。これらの改革は御手洗毅社長の理想主義が経営管理制度として定着したものと受け取れる。

また，高級カメラ開発の技術力に加えて，スタート・アップ期から社員のモチベーションを高めるためにあらゆる施策を策定していることにある。会社再興間もない1946年4月1日，就業規則が定められ，そのなかでも最大の特色は褒奨金制度であった。これは高能率＝高賃金という理念に基づくもので，物がなく一台でも多くのカメラをつくることが必要な時代には極めて有効な方法であった。さらに同年，精機工学従業員組合[43]が結成され，1950年「三分説制度」[44]による特別手当支給の覚書が組合との間で取り交わされた。「三分説制度」は，経営者の哲学を具現化した制度であり，三方にとっても分かりやすいうえ公平な制度といえるだろう。

1949年給与規定が独立して制定されたが，このときの規定[45]では褒奨金は

---

41 1943年当時，パイロット株式会社が実施しているに過ぎず，工員の月給制は画期的であった。
42 二律背反な意味にとれるが，当時の風潮から割り出された最良の方式として取り入れられた。
43 課長以下社員約300人で結成された。
44 「利益は労働，資本，経営，つまり社員と株主と会社（内部留保）の三分しよう，そうすれば働いただけ収入が増える」という御手洗毅社長の方針によって実現した制度である。その後1959年の1カ月分保証制度，1960年の新三分説制度と推移して，1965年まで継続した（キヤノン史，1987，p. 47）。
45 この規定では賃金は基本給，職務手当，家族手当等の定額賃金と生産数量に応じて増減する定額外賃金に分かれ，その他慶弔手当などの特別手当も別に定められた。そして，定額賃金や特別手当は毎月25日に，能率給的な定額外賃金は10日に支払われることになっており，10日の支給額がし

全社一律の能率給に改められた。この規定では賃金は基本給，職務手当，家族手当等の定額賃金と生産数量に応じて増減する定額外賃金に分かれ，その他慶弔手当てなどの特別手当も別に定められた。つまり，生産目標に対してカメラの生産台数が増えれば，その達成の度合いに応じて全社員の能率給が増える仕組みで，当初の高能率＝高賃金の理念は全社的なチームワークを基盤に新たな形式で追求されることになった[46]。

さらに，福利厚生面においても数々の制度を築き上げている。1947年11月3日，創立10周年の記念式典が行われ勤続者表彰が行われた[47]。1948年1月には当社株式の一部が社員に譲渡された。1950年1月には，社員の持家制度を推進する住宅共済組合が設立されている[48]。また1952年1月には第1回の社員国内旅行を実施し，年間を通じて約10人の優秀社員を選び1週間にわたって家族同伴の社費旅行をさせている。精勤褒賞も同年2月にスタートさせ，今日の皆勤賞に引き継がれている。同年4月には社内貯蓄組合を設立し，翌5月には共済貸付規約を制定している。1953年1月から社員誕生会も始めている。社長および部課長が接待者となって，その月生まれの社員と家族を招待する会であった。ここにも，「新家族主義」の理念が経営管理制度として連動しているのである。

また，「健康第一主義」という理念を具体化する制度を築き上げている。キヤノン健康保険組合は，1954年に設立されたが，それ以前にも社員の健康問

だいに増加して社員の士気を高めることになった。
46 当社の社員給与の特徴であった個人単位の褒奨金制度は，やがて生産方式の標準化が進められるなど，生産体制の近代化が軌道に乗るにつれマイナス要因として作用するようになった。つまり，作業現場では，「腕のいい」社員には仕事が集中し，戦前にいったん廃止したはずの「個人請負制」が事実上復活した形になり，仕上げ量や精度の不均衡が目に余るようになった。戦後に入社してきた技術者たちは，この状態を改善しなければ，生産方式の均質化はできないと主張，個人単位の褒奨金制度をまず課単位にするように提案し，会社はこれを受けて手直しを行った。
47 同年暮れには戦後初の特別手当が越年資金（2,000円）として支給されている。人事管理の根底にある理念を具体化したのがこれらの活動や制度である。
48 当時の多くの企業ではむしろ従業員の社宅建設に積極的であったのに対して，御手洗毅社長は，「社宅だと責任感がなくなるから，どんな小さくても個人住宅の方がいい」と持家制度を強く提言，実施されたものである。この住宅共済組合により，1956年には社員約1,000人のうち300余人が住宅を購入した。持家制度と責任感について言及している点も，経営者の従業員管理に関する哲学が色濃く反映されている。

題には格段の注意が払われてきた。創業の段階で，自社開発したＸ線間接撮影装置で社内集団検診を実施したことから始まる。とくに結核患者に対して早期発見，早期治療のために強制的な定期健康診断を実施しており，2年間の有給休暇制度も用意している。医師である経営者ならではの意思決定であり経営管理制度として徹底している。

　戦後，御手洗毅社長が当社の経営を担ったとき，会社の社風として3つの柱を打ち出した。1つは「実力主義」で，次が「健康第一主義」，次が「新家族主義」であった。3つの主義に代表されるように，キヤノンは独自の社風の形成と経営管理の諸制度の創設が特徴である[49]。その後の1950年，キヤノンの行動指針である「三自の精神」[50]を打ち出している。

　人材育成面の理念は，「従業員の顧客志向教育をつねに行うこと」があげられている。1952年創立15年目に，「社歌」と「キヤノン音頭」が制定され，社歌の二番目には「三自の精神」が謳われている。社歌は従業員の一体感を醸成し，キヤノン音頭で従業員相互の一致協力が生み出されたのであろう。経営理念を機能化するプロセスにおいて，社歌とキヤノン音頭の果たした役割は大きいものと考えられる。

> 誠実ひとしく時代に立ちて　信愛に合わす力は新た
> 自発の花は自治に開きて　協同の園に自覚かおれり
> 三自を誓うキヤノンカメラ　三自にこぞり我らあり

キヤノン三自の精神

　「三自の精神」は経営理念に相当するものと考えられ，経営の根幹にすえられてキヤノンは成長と発展を遂げてきた。また，1953年4月に新入社した定期採用の学卒者に対し集合教育を実施したが，これが社内教育の始まりとなった。

　このように，キヤノンの創業期では，従業員を尊重した公平で納得性の高い

49　『キヤノン史』(1987, p.46)。
50　キヤノンには，創立以来伝わる「三自の精神」という行動指針が示されている。「自発」「自治」「自覚」の3つのことである。「自発」は，何事も自ら進んで積極的に行う精神である。「自治」は自分自身を管理しながら積極的に仕事に取り組む精神である。「自覚」は自分の置かれている職責・立場・役割・状況をよく認識して行動する精神である。

人事管理を中核にした経営管理制度をつくり上げてきた。これらの活動は、御手洗毅社長のリーダーシップも、「経営管理制度構築による権限委譲」と、「経営管理機能の分化」を成功させていることを意味するものである。

つまり、経営理念の役割を果たした「三自の精神」を根幹にして、創業期の人事管理制度が従業員にとって意思決定の基盤となっている。意思決定の基準は行動基準となり社員間で組織学習を形成していったものと考えられる。

4.2 成長期（1955年～1975年）

成長期では、国際化と多角化による経営戦略を機軸にした意思決定によって、戦略的組織ルーティンの安定が図られたことである。積極的な海外市場への販路拡大と、国内におけるキヤノン直属の販売体制をスタートさせた。1955年ニューヨーク支店、1957年スイスにキヤノンヨーロッパ社の設立である。

御手洗毅社長は、1959年ころGHQ（Go Home Quickly）運動を提唱する。これは、「業務終了後は、道草をくわずに早く帰宅して健全な家庭生活を寄与するように」[51]との趣旨であった。経営管理制度と呼べないものであるが、このようなトップの働きかけによる全社運動は、従業員の会社への忠誠心を高めるものとなるだけにとどまらず、創造的な組織学習を生み出す土壌が形成されるものと理解できる。まさに、経営者の経営哲学を具現化した経営管理制度の基盤となるものであるといえるだろう。

さらに、1960年には事務職と技術職を対象に職務分析を行っている[52]。経営管理制度の見直しのための職務分析は、組織ルーティンによる科学的管理を図る試みであろう。この取り組みによって意思決定基準が明確になり、意思決定プロセスが標準化されたものと考えられる。

1958年に技術部の中に特許課が創設され、開発により得られた成果を確実に権利化する体制の基礎が築かれたことである。1960年「発明考案に関する特許権、実用新案権、意匠権の取扱規程」、およびこれに基づく「事務取扱要

---

51 『キヤノン史』（1987, p.52）。
52 『キヤノン史』（1987, p.52）。

領」と「特許審査委員会規程」の制定である。技術開発面における特許戦略による組織ルーティンの形成である。

　例えば,「ライカに追いつき,追い越せ」という世界一高い技術という目標を達成するため,1962年にQC手帳を全社員に配布し,1964年にプロジェクト活動を行った。また,1962年,第1次5カ年計画として打ち出した「ノークレーム・ノートラブル」活動で,世界一高い技術という目標を全社員の具体的な行動として定着させた。全社員の意思決定基準の明確化を図るとともに,全社活動という組織形態によって「三自の精神」を内面化させたものと理解できる。その後,1967年「右手にカメラ,左手に事務機」のスローガンに象徴される事業多角化が成功する基盤となったのである。

　戦略的組織ルーティンの安定から変化に移行するプロセスにおいて,全社活動のための組織形態の構築が組織変革の鍵となる。組織変革が成功するためには,組織メンバー間に共同化が促進する組織形態が必要である。共同化のプロセスで重要な役割を果たしたのは,1960年以降に計画的かつ体系的に取り組まれた生産部門の技能研修である。さらに,1972年に始まる,ZD運動と呼ばれる小集団活動形式の組織形態である。これらの組織形態を常に変化させながら,この時期に採用した事業部制とうまく連動したものと考えられる。同時に1976年,経営理念と経営戦略を一体化させた第1次優良企業構想によって,組織変革を常軌化させて実現しようとしたのである。

　キヤノンは,あくまでも本業重視でかつキーテクノロジー重視による事業多角化を展開していった。また,情報化の波をうまくとらえた戦略的意思決定によって持続的な成長と発展を遂げた。意思決定の基準をスタート・アップ期以来の経営管理制度の設計と改善によって進化させている。その結果,従業員にとって意思決定の基準が明確になるだけでなく,日常の業務活動の標準化も容易になっている。それは競争優位となる組織ルーティンを蓄積することに成功したと理解できるであろう。

　経営者たちが社長職に着任するや否や,自らの経営理念を創業の理念を再解釈している。「長期経営計画」や「優良企業構想」として繰り返し提示し,全従業員に訴えかけている。同時に計画よりも実行に軸足をおいたビジョンを提示し,現場から経営戦略を全社活動で展開しているのである。この取り組み

は，個人のルーティン活動を競争優位の組織ルーティンとして形成する活動である。ここでは，経営理念を意思決定の基準として，ぶれない経営戦略を実践している。

4.3 安定期（1976年～1986年）

　安定期では，第1次優良企業構想を機軸にして，戦略的組織ルーティンの変化が図られた。戦略的組織ルーティンが変化するためには，まず組織変革の意味を組織メンバーが理解しなければならない。そのために，全社的な組織形態によって組織学習を創出する必要がある。そこでは組織変革の必要性を，表出化という変換モードによって組織メンバー間で再確認させることであった。例えば，1976年，第1次優良企業構想を実現するため，2つの具体的な組織形態による活動を立ち上げた。それは，CDS（Canon Development System）活動とCPS（Canon Production System）活動と呼ばれるフラクタルな組織形態である。CDS活動は研究開発部門の全社横断的な効率化活動であり，CPS活動は生産部門の管理強化と体質見直しを目的とした活動である。

　1980年代に入ってからも，小集団活動によって職場の活性化を図り，優良企業構想を現場活動に浸透させた。これら一連の組織形態による活動は，経営理念の機能化を図った局面と理解できるだろう。さらにその後も，経営理念の表出化を図るため，CIF（Canon Into the Future）活動と呼ばれる全社的な取り組みを行った。賀来龍三郎社長は1984年の年頭の挨拶において，経営理念，企業目的を問い直すことで組織変革を断行したのである。

　企業が持続的成長と発展するために，組織の普遍的価値と個別具体の現実を両立させながら，知識を実践的な知恵として変化させ続ける必要がある。野中・遠山・平田（2010）によれば，フロネシス[53]が知識ベース経営の本質であると指摘しているように，賀来龍三郎社長は，経営理念，企業目的を問い直すことを通したCIF（Canon Into the Future）活動の実践によって，知識

---

[53] フロネシスとは，個別具体の場面の中で，全体の善（共通善）のために最善の振る舞いを見出す能力のことである。

ベース経営の具現化を図ってきたものと理解できる。つまり，知識ベース企業の経営者のリーダーシップは，組織変革の意思決定と，対話を生み出す組織形態の設計と修正によって綜合されたのである。

戦略的組織ルーティンが変化から安定に移行するプロセスにおいて，組織メンバー間の主体的な組織学習と経営者の意思決定の整合性を図る必要がある。そのためには連結化という変換モードが作用する。例えば，1982年，第2次優良企業構想の実現のため，職場の活性化と自主活動を目的とした「ACE '90 (Active Creative Exciting '90)」活動があげられる。1986年には230を数えるチームが活動し組織学習が促進され，意思決定の基準が全社員に共有されたのである。その結果，1985年の円高と経済摩擦への対応プロジェクト活動で困難な局面を乗り切ったのである。

この時期の組織ルーティンが安定する局面において，意思決定は，1979年から始まった動作のムダ排除を対象とする品質向上発表会，全キヤノン小集団発表大会での改善活動であった。組織形態は，新家族主義，健康第一主義と連動した様々な人事管理制度と福利制度の設立を基盤に機能させている。これらの諸制度の根底には「三自の精神」が据えられている。

組織ルーティンが変化する局面において，組織変革は，1976年の全社的スタッフ機能としてのシステム検討委員会の設置，1977年の経営会議，経営執行制度設置があげられる。背景には，1976年の第1次優良企業構想との連動があり，経営者の哲学として社会の公器としての優良企業を実現する経営理念があげられる。さらにそれを実現するための組織学習は，キヤノン式システムとしてCDS活動とCPS活動があり，メンバーの主体的活動を促進したものと理解できる。

この時期の組織ルーティンが安定する局面において，意思決定は，1983年のフランスにおける複写機などの生産に始まる海外との提携活動があげられる。組織形態は，CDS活動，CPS活動が有効に機能したことである。その背景には従業員の健康，モチベーションを高めるための人間尊重の経営管理制度を基盤にしたことがあげられる。さらにこれらの経営管理制度の根源には，創業以来の「三自の精神」と，実力主義，家族主義，健康第一主義があった。

組織ルーティンが変化する局面において，組織変革は，1982年の第2次優

良企業構想のスタートで，第二の創業として企業理念の策定を始めた。そのために組織学習は，CIF 活動を展開し，ACE '90 という集団活動を機能させている。つまり，経営理念の組織全体への浸透のため，全社活動に結びつけた部門単位の組織形態を展開させている。

4.4 再成長期（1987 年〜2013 年）

再成長期では，「共生の理念」を機軸にした組織変革と組織学習によって，戦略的組織ルーティンの安定と変化が図られたことである。例えば，創業50年目の翌年（1988年）を第二の創業と位置づけ，キヤノンの今後を全社員が考えるCIF活動を通じ，経営理念を機軸にして組織変革を断行してきた。

創業50年を迎えた1987年ころを再成長期と位置づけることができるだろう。キヤノンは企業間や組織間の業務提携を積極的に推進してきたわけではないが，2006年以降のグローバル提携戦略を積極的に展開してきている。また，1988年の「共生の理念」，1992年のキヤノン行動基準の策定などにより，個人の働きがい，仕事の意味，役割の再認識など，お互いが確認する活動を重視している。それは経営理念を再解釈する活動でもある。

キヤノンが1987年以降，再成長を遂げた要因には，1982年から1987年の安定期Ⅱにおける活動が基盤にあったといえるだろう。その時期は日本経済において，円高や経済摩擦などの厳しい局面に置かれていた。

キヤノンは，1987年創業50周年を迎え，新たな事業モデルの創造により第二の創業を宣言し，共生を企業理念としてグローバル企業構想をスタート（企業理念，企業目的，事業展開，行動指針示す）させた。「一企業や一国の利害を超え，世界人類の共存と発展のために貢献する真のグローバル企業を目指す」という基本理念であり，それは「共生の理念」と呼ばれている。1988年，「第二の創業」と位置づけ，新しい企業理念として「世界人類との共生」を掲げ，「共生の理念」の実現に向けてグローバル優良企業グループ構想として，中長期経営計画をつなげている。さらに，企業理念の一環として1992年キヤノン行動規範を策定している。

とりわけ1995年，御手洗冨士夫社長が就任し，新たなスローガンである，

「部分最適より全体最適」,「利益重視のキャッシュフロー経営」を表明した。具体的には,1996年,グローバル優良企業グループ構想の発表と合わせて,事業内容の選択と集中を行い赤字事業の見直しと撤退の意思決定を行った。スローガンを実現するため,1998年,組織横断的な経営革新委員会を設置し,2001年からは経営戦略委員会に移行して経営者間で意思決定の指針の共有を図った。これら委員会による組織形態は,経営者間で組織変革の常軌化を目的としたものである。その他にも朝会と呼ばれる経営者層におけるミーティングの場は,戦略的意思決定の質を高めた組織形態ととらえることができる。さらにトップ・マネジメント主導の活動を全社展開するため,1999年,研究開発部門でKI (Knowledge Intensive Staff Innovation Plan) 活動によって組織変革を常軌化させた。KIという組織形態により,経営理念の機能を組織と個人が相互浸透させるとともに,戦略的組織ルーティンを変化させてきたものと考えられる。

御手洗冨士夫社長は,研究開発の意思決定基準を標準化しルーティン化している。具体的には,基礎的な研究の段階で製品化できたとしても,3年で見極めて続けるかやめるかを決める。3年で見極めがつかず,とりあえず継続したものでも,5年で採算が合わなければ何であってもやめてしまうということである。袋小路に入った研究開発は,トップの権限で断ち切る。そうするほうが,技術者も元気を取り戻し,自らの得意技術で新たな製品開発を行うという論理である。

このように組織変革の成功は,組織メンバーが相互作用する組織形態によって組織学習がもたらされたものと考えられる。さらに行動基準の根底に,創業以来の経営哲学(三自の精神)を位置づけていた。

2006年より進める中長期経営計画「グローバル優良企業グループ構想フェーズⅢ」の締めくくりの年としても,フェーズⅢのスローガン「健全なる拡大」に向けた再スタートを切るべく,新たな成長戦略に取り組んでいる[54]。成長戦略の実行において人事管理面では,2006年グローバルリーダー育成

---

54 2006年,キヤノンの代表取締役に内田恒二社長が就任し,御手洗冨士夫代表取締役会長の新体制がスタートした。具体的な取り組みとして,2006年,京都大学と「高次生体イメージング先端テクノハブ」プロジェクトで協同研究開発を開始し,宇都宮大学と光学に関する教育研究センターの設

のための研修拠点となる Canon Global Management Institute を開設し，人材育成に力を入れている。福利厚生面でも，2009年下丸子本社敷地内に東京都認証保育所ポピンズナーサリー多摩川を開設し，キヤノンウィンド，障がい者の雇用を促進する法律に基づいた特例子会社の認定を受けるなど，働きがいのある職場の創造に注力した取り組みを行っている。そして2010年を「成長元年」と位置づけ，革新と進化への努力を続けることを宣言している。

5. 事例分析の結果

戦略的組織ルーティンの安定は，"意思決定"の基準とプロセスの標準化，経営管理制度や全社活動を機能させる"組織形態"が影響を及ぼしていた。しかし，安定した組織ルーティンは固定化する慣性があるため，"組織変革"により，環境変化に適応する組織ルーティンに変化させることが必要であった。

戦略的組織ルーティンの変化は，経営者が"組織変革"を主導することで，組織メンバー間の相互作用による"組織学習"を通して実現する。"組織学習"が誘発されて促進するためには，経営理念の機能化が必要になり，経営戦略の実行段階で"組織形態"を常に変化させて行くことが重要であった。組織変革から組織学習が生み出されるためには，経営理念を機軸にした組織形態が極めて重要になる。

キヤノンの成長と発展段階で明らかになった点は次の通りである。創業期では複数の創業者達の情熱と技術力によって起業した。スタート・アップ期では経営者（御手洗毅社長）の「3主義」を具現化した経営管理制度の構築によって成長した。後に「三自の精神」を行動指針として打ち出すことで事業が軌道に乗った。成長期では国際化戦略と多角化戦略が奏功した。安定期から再成長

立に合意するなど産官学提携を推進している。2008年，株式会社日立ディスプレイズに資本参加し，組織間関係の提携を積極的に推進している。2009年，キヤノンヨーロッパ，本社機能をロンドンに統合し，米国・ヒューレットパッカード社とソリューション分野で業務提携し，2010年には，オランダ・オセ社を連結子会社化，ポーランド・オプトポルテクノロジー社を連結子会社化など，グローバル提携戦略を積極的に展開している。

期にかけて，経営理念の機能を強調することよりも，積極的な経営戦略を各スローガンと経営計画で高収益を実現してきたことであった。

このように，以上の考察から，キヤノンの成長と発展に全ての時期に共通することは，「3主義」，「三自の精神」，「各スローガン」と結びついた経営戦略（計画・企業構想）が，プロジェクト活動などの"組織形態"を常に変化させることを通して実現させていたことであった。

事例研究から導き出された戦略的組織ルーティンの要素関係は次の4点である。第1に，安定期と再成長期においてトップ主導（賀来龍三郎社長・御手洗冨士夫社長）で"組織変革"を断行し，"意思決定"の基準を明確にしたことである。第2に，"組織変革"への抵抗は，経営理念を表出化し，組織メンバーの活動と連結化するプロセスで有効に機能したことである。第3に，"組織学習"を生み出す"組織形態"によって，組織メンバー活動の内面化と共同化が促進したことであった。これらの考察から，"組織変革"によって戦略的組織ルーティンが変化するためには，"組織学習"と"組織形態"がどのように作用しているのか，経営理念を再解釈する組織メンバー間の活動プロセスを解明する必要があったことである。第4に，安定期における経営理念の機能が，"組織変革"と"意思決定"にどのように影響を及ぼしているのか，その関係性が見いだせなかったことである。

6. おわりに

戦略的組織ルーティンの4要素と経営理念の機能化の部分的解明ができたことである。経営理念の機能化は，組織が変革する段階において組織形態が変化することによって，ある程度説明できることが分かった。このプロセスによって戦略的組織ルーティンが変化し，企業の持続的成長と発展のメカニズムの一つの断面であることが明らかになった。

しかし，本研究には残された課題がある。第1は研究方法の課題である。戦略的組織ルーティンの変化する局面において，組織変革によってどのような組織学習が生み出されたのか，経営理念の機能化との関係において必ずしも解明

することができなかった。この点は考察対象と期間をさらに絞り込む必要がある。特定の組織形態による組織学習のメカニズムを解明するためには，経営者へのインタビューや現場での参与観察など質的調査が必要である。第2は概念モデルの修正である。戦略的組織ルーティンの4要素については，再成長期の段階で部分的に考察できた。しかし，戦略的組織ルーティンの安定する局面において，経営理念の機能化との因果関係は見られなかった。SECIモデルの援用により経営理念の機能化するプロセスの解明を試みたが，経営理念が内面化，共同化，表出化，連結化することを，組織形態の変化に絞って解明する必要がある。

本研究の貢献は，第1に，戦略的意思決定レベルにおいて，組織ルーティンの形成過程に経営者の経営理念がどのように影響を及ぼしているのかモデル化したことである。第2に，戦略的組織ルーティンの4要素を指摘し，経営管理制度との関係性を明らかにしたことである。第3に，経営哲学ないし経営理念の研究は，"組織形態"のダイナミックな変化によって機能することの重要性を指摘したことである。

今後の課題は，第1に，経営理念と組織ルーティンの関係について，"組織学習"を生み出す"組織形態"に照準を合わせて研究することである。第2に，企業の組織変革を，20年程度の期間に渡って"組織形態"のダイナミックな変化を質的調査することである。第3は，安定する管理的業務ルーティンと作業ルーティンを，どのように結びつけて戦略的組織ルーティンとして変化させるのか，トップ・ミドル・メンバー間のインタラクティブな相互作用の考察によるメカニズムの解明が必要である。

第 5 章

組織変革による組織形態の変化―花王―

〈要 旨〉

　本章では，経営理念を機軸にした組織変革の有効性を明らかにすることである。そのため，1980年を境に新たに移行した組織変革の概念を整理し，Teeceが指摘するダイナミック・ケイパビリティを，戦略的組織ルーティンの概念モデルで提示した。次に，1970年以降の花王の事業活動を事例分析し，組織変革期における経営理念の機能のメカニズムを考察した。

　ダイナミック・ケイパビリティは3つの能力から成る。第1の，機会・脅威を感知・形成する能力は，戦略的組織ルーティンの要素である(a)組織変革があてはまる。ここでの能力は，トップ・マネジメントの能力の影響が大きい。第2の，機会を活かす能力は，戦略的組織ルーティンの要素の(b)組織学習と(c)意思決定が当てはまる。ここでの能力は，創造的でかつ効率的な組織活動によって生み出される。第3の，企業の有形・無形資産を向上させ，結合・保護し，必要時には再構成することで競争力を維持する能力は，戦略的組織ルーティンの要素の(d)組織形態があてはまる。ここでの能力は，創造的な組織活動を生み出すフォーメーションの構築と修正によって，組織変革が達成されるものと考えられる。とりわけ，組織メンバー間の相互作用は組織形態により，創発的に生み出されていた。概念モデルによる事例分析の結果，経営理念が組織変革にどのように作用しているのか，SECIモデルに依拠することで，組織変革における経営理念の機能が，部分的ではあるが明らかになった。

1. はじめに

　本章の目的は，経営理念を機軸にした組織変革の有効性を明らかにすることである。第二次世界大戦後，1970年代後半に至るまで，日本企業は，重厚長大産業を中心として急激な成長と発展を遂げてきた。また，1980年代日本企業は，自動車やエレクトロニクス産業において，欧米での競争に高品質と低コストで成功をおさめてきた。1990年に入り，日本企業はバブル経済崩壊で窮地に陥り，グローバル市場で多くの課題に直面することになった。2000年以降，製造業を中心として生産拠点と市場のアジアシフトが加速し，現在では新興国にそれらを求める動きも盛んである。

　2002年に施行されたSOX法[55]の影響もあり，日本企業のCSR（社会的責任）が，より広い範囲のステークホルダーからも要求されるようになった。つまり，株主，金融機関，顧客など，直接的な利害関係者だけが中心ではなく，地域，政府，取引先，従業員など，間接的な利害関係者に対しても，透明性のある経営を実践する義務が求められたのである。また，2010年以降は円高の急激な加速により，日本企業はその資金力を，海外企業の戦略的提携やM&A（合併・買収）に投じている。このように，日本企業の喫緊の課題は，経済性と社会性の両面からの組織変革が求められているのである。

　そこで本章では，オイルショック以降，環境が激変した1980年前後における日本企業の組織変革を考察対象にする。事例企業は，1980年以降現代に至る30年間，目覚ましく持続性成長と発展を遂げてきた花王株式会社である。尚，事例企業において明らかにしたいのは次の3点である。

　第1は，花王のダイナミック・ケイパビリティとは何か。競争優位の組織能力とは何かを明らかにすることである。ダイナミック・ケイパビリティとは，企業独自の資源を継続的に創造・拡張・改良・保護し，価値ある状態に維持す

---

[55] 2005年以降，経営理念のなかに行動規範や行動基準として明文化する企業が急増している。それは，サーベンス・オクスリー法（SOX法）によって，公開企業に行動規範の導入と開示を義務づけたことの影響である。

るために利用される，環境変化に適応するための企業の組織能力である（Teece, 2007）。

第2は，ダイナミック・ケイパビリティを生み出す要因としての経営管理制度はどのようなものか。経営管理制度[56]の設計だけによって競争優位を生み出されることは困難であると考えられるが，ダイナミックな組織行動を生み出す基盤となる経営管理制度を，経営理念との関係で考察することである。

第3は，企業が成長と発展する要因を，組織ライフサイクルごとに，ダイナミックなプロセスでとらえ，その要因を明らかにすることである。組織能力自体はダイナミックなプロセスで形成される性質を持つが，経営管理制度は本来，組織能力を形成し安定させることをねらいとして設計される。また別の角度から，一度設計すると組織能力をダイナミックに変化させることを困難にする性質を持つ。これら組織能力と経営管理制度の相反する性質を，双方向の関係から考察することである。

以上のように，ダイナミック・ケイパビリティが経営管理制度によって形成されるメカニズムを，経営者の表明する経営理念の機能との関わりで考察する。

それに先立つ仮説は，「ダイナミック・ケイパビリティが形成される企業では，その前提条件として，経営理念の内容が，経営管理制度として具体化され，かつ組織活動と連動していること」である。そのため，組織活動に直接かかわる経営戦略と組織形態を，経営管理制度とを連動させる必要がある。その結果，経営理念は組織メンバーに浸透し活動に反映されるものと考えられる。

つまり経営管理制度とは，個人が組織の中で，規制的，規範的なものとして他律によって意味づけるものではない。むしろ，個人が組織だけでなく，社会にも貢献するための，文化的，認知的な自律を促すシステムでなければならない。そのため，企業経営の透明性と情報開示が求められる現代において，従来は社外秘とされてきた経営管理制度も，経営理念と密接に連動させて開示しなければ，ステークホルダーだけでなく，社会もその企業の存在価値を認めないであろう。

---

[56] 本章で言う経営管理制度とは，経営戦略と組織形態を含めた，事業活動全体に関わるシステムのことである。組織図に表現されていないプロジェクトチームや小集団活動，販売システムなども含んでとらえている。

本章では，組織変革の理論的枠組みを簡単に整理し，次に組織変革期における経営理念の機能的側面に注目する。そのため，花王の1970年以降の事業活動を事例分析し，組織変革期における経営理念の機能のメカニズムを明らかにする。

2. 組織変革の理論的枠組み

大月（2005）によれば，組織変革の概念は，1980年を境に新たな概念に移行したと指摘している。1970年代の環境変化が連続的な時代においては，「organizational change」（Greiner, 1967），「organizational development」（French and Bell, 1973）と，静態的な構造変動としてとらえられた。1980年代に入り，環境変化が不連続となり，「organizational transformation」（Levy and Merry, 1986），「organizational transition」（Kimberly and Quinn, 1984）と，動態的な行為変動へ移行した。

組織変革は，グループダイナミックスから発展した組織開発「Organizational Development」の手法として，1980年代コンサルティングファームによって企業に導入されてきた。全員参加の小集団活動や，自主的な目標による管理の展開など，職場でのチーム活動の潜在的な能力を開発するための手法であった。これらの組織変革は，比較的好業績の企業が，次代の経営戦略を実行するための，人材育成を目的としたマネジメント教育の一環として位置づけられていた。したがって，理論的というより実践的で成果志向の強いものであった。このアプローチはミクロ組織論の系譜に入る。

一方，組織変革の理論的な探求には，組織構造のコンティンジェンシー理論（contingency theory）が大きく影響を及ぼした。1970年代後半から，多くの組織から集めたデータの統計的分析を主とするマクロ組織論の系譜がそれにあたる。組織内部のダイナミズムの考察ではなく組織変革の類型化を志向したものにとどまっていた。その結果，経営実務への応用はより遠のいたものとなったのである。

その後，組織変革の研究は1980年代半ば以降，組織変革の次元，漸進的変

革とラディカルな変革（Tushman and Romanelli, 1985），漸進的変革と不連続変革（Nadler and Tushman, 1995）など，類型化される試みがみられるようになった。しかし，これらの類型化は，組織変革の結果の分類にとどまり，組織変革のプロセスを考察したものではなかった。

これに対して，現実の組織変革がどのようなプロセスでなされているのか（Weick, 1979），という進化モデルも見られた。しかし，組織メンバーが現実をどのように認識するのか，その解釈に対する合理性基準が不明確である，といった問題が残された。

そこで，本章が認識する組織変革とは，「organizational transformation」，ないし「organizational transition」の動態的な視点から，組織変革のプロセスを，経営者と組織メンバーの相互作用による行為変動に注目する。計画的な組織変革と，創発的な組織変革（Mintzberg, 1994）を，組織変革のプロセスとして比較的長期間の時間展開で考察する。組織変革のプロセスを対象とするには，本章では，少なくとも30年の期間を考察する必要があると考えている。これらの考察に先立って，企業の組織変革を次の2つの視点から検討する。

第1は，企業が組織変革を断行する契機となるのは，どのような要因が考えられるかである。Nadler and Shaw and Walton（1995）によれば，業種によってかなり異なるが，一般的には(1)産業構造もしくは製品のライフサイクルの変化，(2)技術革新，(3)マクロ経済の傾向と危機，(4)規制および法律の変化，(5)市場と競争状況の圧力，(6)成長，の6種類に分類できる。これらは，環境を経営者層がどのように認識し組織変革を実行しようとするのか，経営者の意思決定に関わる部分の考察が極めて重要になる。

第2は，組織の何を変革するかという問題である。組織変革の対象は，部分的なものと全体的な事業活動にかかわるものとに分けられる。部分的なものとは，情報システムや販売システム，人事制度などである。全体的な事業活動に関わるものとは，自社の将来を左右するコア事業に関わる組織変革である。そこでは，組織変革を象徴する組織構造の変化や，組織形態の変化の考察が極めて重要になる。

本章では，以上の第1の組織変革の契機の判断をもとに，第2のコア事業に

かかわる組織変革を，組織形態の変化に焦点を当てる。

3. 経営理念の機能的側面

組織変革と経営理念の関係について考察する前に，ダイナミック・ケイパビリティという競争優位の組織能力を，戦略的組織ルーティンという概念モデルで構造的にとらえる。

Teece (2007) によれば，ダイナミック・ケイパビリティとは3つに分解される。第1は，機会・脅威を感知・形成する能力である。第2は，機会を活かす能力である。第3は，企業の有形・無形資産を向上させ，結合・保護し，必要時には再構成することで競争力を維持する能力である。そのため，予備考察として戦略的組織ルーティンの遂行プロセスモデルを提示する。そこでまず，組織ルーティンの構造を3つの階層に分けて整理する。一般的に第1の層は，組織のメンバーの役割としての作業ルーティン，第2の層は，マネジャー層の役割としての管理的業務ルーティン，第3の層は，トップ・マネジメントの機能としての戦略的組織ルーティンである。本章の考察対象は第3の層の戦略的組織ルーティンである。

戦略的組織ルーティンは4要素で構成され，それらが経営理念と相互作用するものと位置づけられる。その4要素とは，(a)組織変革，(b)組織学習，(c)意思決定，(d)組織形態である。Teeceが指摘する(1)機会・脅威を感知・形成する能力は，戦略的組織ルーティンの(a)組織変革があてはまり，トップ・マネジメントの能力が大きい。(2)機会を活かす能力は(b)組織学習と(c)意思決定が当てはまり，組織全体の合理的で効率的な活動によって生み出される。(3)企業の有形・無形資産を向上させ，結合・保護し，必要時には再構成することで競争力を維持する能力は，組織メンバー間の相互作用を創発的に生み出す(d)組織形態によって達成される。

戦略的組織ルーティンの4要素のうち，意思決定と組織形態によって組織ルーティンが安定し，組織変革と組織学習によって組織ルーティンは変化する。戦略的組織ルーティンの4要素に対して，経営者の理念がどのように影響

を及ぼしているのか考察する。

　経営理念の機能化メカニズムについて，戦略的組織ルーティンの4要素との関係から整理できる。経営理念と経営戦略の連動，経営管理制度の構築が基盤となって，戦略的組織ルーティンが形成される。戦略的組織ルーティンは安定と変化を繰り返しながら，企業は競争優位の組織能力の開発・活用・蓄積・修正を行うモデルである。

　戦略的組織ルーティンの安定は，意思決定と組織形態によってもたらされる。意思決定は，経営戦略を各部門の事業計画や業務目標を実現するためのものである。それは，判断基準の特定と判断プロセスの明確化を行うことである。また，組織形態は，組織メンバーの業務と相互作用も円滑にする。そこでは，情報システムや生産システムなどの構築と，組織メンバーのコミットメントとモチベーションを高める。組織形態が機能するためには，経営管理諸制度の構築が基盤となる。そして戦略的組織ルーティンの安定は，トップダウンによる意思決定基準の明確化と，相互作用を生み出す組織形態の設計によって一時的に可能となる。しかし，業務や作業の主体者である組織メンバーの意志と行為が持続しなければ，組織ルーティンの安定も困難となる。たとえ安定したとしても，今度は変化させることが困難になる。

　一方，戦略的組織ルーティンの変化は，組織ルーティンの安定が前提となり，組織変革と組織学習によってもたらされる。組織変革は，経営者が事業活動と経営理念の整合性をポジティブに問い直すことから始まる。業績成果の異変や縮小によるパッシブな組織変革は，組織メンバーの活動を委縮させ，成功を困難にする。したがって，将来のビジョン実現に向けて，経営理念を機軸にした組織変革を，常軌化・常態化させる活動が重要になる。また，組織学習をルーティン化させるためには，経営理念を経営戦略と連動させることである。その実現には，組織メンバー間の相互作用で，創発的な組織学習を生み出す組織形態が不可欠である。それらの組織形態により，組織メンバー間で経営理念を再解釈しながら，事業活動の修正・改善を行う。

　以上のように，戦略的組織ルーティンの安定と変化は，戦略的組織ルーティンの4要素によって相互作用することである。そこでさらに検討すべき課題は，戦略的組織ルーティンの4要素と経営理念の機能との関係はどのように作

用しているのかという点である。この点について，経営理念が組織と個人の相互浸透するプロセスから考察しておきたい。そのため，経営理念の組織と個人への相互浸透プロセスを，Nonaka and Takeuchi（1995）のSECIモデル[57]に依拠して，戦略的組織ルーティンの4要素との関係を説明するモデルを提示した。

ここでの仮説は，戦略的組織ルーティンが安定と変化を繰り返すことで，戦略的組織ルーティンの4要素が相乗効果を高めて，ダイナミック・ケイパビリティが形成されるのではないかという点であった。その場合，戦略的組織ルーティンの4要素と，経営理念の機能の関係はどのように相互作用しているのだろうか。そこで，SECIモデルを援用すると，部分的であるが次のように説明できる。

簡潔に言えば，経営理念が組織メンバー間で，内面化・共同化・表出化・連結化する活動プロセスを通して競争優位の組織活動につながることである。

戦略的組織ルーティンの安定局面では，経営者の意思決定を実行するため，効果的な組織形態を設計する。計画を実行に繋げるためには，組織メンバー間で，経営者の意思決定の内容を，自らの活動に意味づけて変換させる必要がある。そのためには，内面化という変換モードが作用する。内面化とは，「形式知を暗黙知に体化するプロセス」であり，これは行動による学習と密接に関連している。つまり，形式知を自覚的な実践スキルとして内面化するということである。内面化された高質な暗黙知は，「知恵」と呼びうるものであり，それがさらに新たな共同化へ繋がって行くのである。

戦略的組織ルーティンの，安定から変化に移行するプロセスにおいて，全社活動を展開する組織形態が組織変革の実現の鍵となる。組織形態により組織変革が実現するためには，組織メンバー間の活動の共同化が必要である。共同化とは，暗黙知から新たに暗黙知を生み出す変換モードのプロセスである。すな

---

[57] 知識創造にとっては暗黙知と形式知の社会的な相互作用が不可欠であり，相互補完的である。これらの暗黙知と形式知が質的にも量的にも増幅されるプロセスは，4つの知識変換から成り立っている。すなわち，共同化（socialization），表出化（externalization），連結化（combination），内面化（internalization）である。それぞれの頭文字をとってこれはSECI（セキ）モデルと呼ばれる（Nonaka, I. and Takeuchi, H., 1995）。

わち，言葉によらずに，観察，模倣，訓練などの共有体験を通して，フェイス・トゥ・フェイスで他人のもつ暗黙知を獲得するプロセスである。例えば徒弟制度における技能の移転や企業におけるOJTなどがその例である。

戦略的組織ルーティンが変化するためには，組織変革の意味を組織メンバーが理解し全社的な組織学習を創出する必要がある。そこでは表出化という変換モードが作用する。表出化とは，「暗黙知を明確なコンセプトに表すプロセス」である。すなわち，暗黙知から新たに形式知を生み出すプロセスであり，経営理念をベースにした知識創造において最も重要な段階である。この表出化を促すのが「対話」であり「共同思考」である。暗黙知から形式知への変換は，何よりもメタファーとアナロジーを利用することで効果的に行われることになる。

戦略的組織ルーティンが変化から安定に移行するプロセスにおいて，組織メンバー間の主体的な組織学習と，経営者の意思決定の整合性を図る必要がある。そのためには，連結化という変換モードが作用する。連結化とは，既存の形式知と体系的に結びつけて新たな形式知を生み出すプロセスである。形式知はデジタル的な知であり，この知識変換モードは，とくにコンピュータ・ネットワークや大規模データベースを利用することで促進することができる。

4. 事例研究：
花王株式会社の組織形態と戦略的組織ルーティンの形成

4.1 花王の歴史

花王は1887年，初代・長瀬富郎が，花王の前身の洋小間物商「長瀬商店」を創業した。創業以来，消費者起点の"よきモノづくり"を通じて「人々の豊かな生活文化の実現に貢献」することを使命に，活動を続けてきた。1890年に発売した高級化粧石鹸「花王石鹸」は，日本のトイレタリー市場の黎明を告げる商品であり，社名の由来にもなった。

花王は1990年に創業100周年を迎えた。当時の経営者である，丸田芳郎社長が，1976年に自身で明確な花王の経営理念を構想して，新しい基本的方針

を提示し，とくに1980年代になってめざましい成果をあげるようになった。

　花王の経営理念たる「創造性の重視」，「人間性の尊重」そして「消費者優先」の精神は，もとより変わることなく，花王の「経営哲学」として基礎づけられ，より経営の実践に徹底が図られた。「清潔・美・健康」は，標語として活発に用いられ，「清潔な国民は栄える」は花王の創業以来の理念として，あらためて認識・強調された。経営の基本方針も，消費者のニーズにきめ細かく対応しつつメーカーとして長期的な視野に立脚した研究・技術開発と，情報諸手段をフルに活用して経営の諸活動の統合を図ることに置いている。

　基本理念は「顧客の立場にたつ」ことである。「企業理念」はあくまで「言葉」であり，それを実現するのは企業風土である。一人ひとりの社員が，経営理念を実行するような企業風土がなければ，理念はお題目にすぎない。尚，花王の経営理念は1975年に策定され，1995年改定されている。

1. 革新的な商品開発を行なう
2. 利益ある成長を遂げる
3. "選択と集中"の経営に徹する
4. "個"の力を結集する
5. 社会的責任を遂行する

花王の基本理念

　また，花王では『花王ビジネスコンダクトライン』を設け，コンプライアンスをうながしている。さらに1999年一部改定し，「花王ウェイ」として，「使命」「ビジョン」「基本となる価値観」「行動原則」で構成されている。「使命」とは，私たちは何のために存在しているのか。「ビジョン」とは，私たちはどこに行こうとしているのか。「基本となる価値観」とは，私たちは何を大切に考えるのか。「行動原則」とは私たちはどのように行動するのかである。

4.2　花王株式会社の組織変革（1980年～1989年）

　花王の1980年代以降現在に至る成長と発展の歴史を考察する。花王を取り上げた理由は，常に組織変革を断行し120年にわたり持続的成長と発展を遂げ

てきたからである。そこで，歴代の経営者における事業活動の分析を行う。分析に先立って，次の4つの仮説を設定し，企業の遺伝子ともいえる組織ルーティンの考察を，歴代の経営者の経営理念と組織変革に関わる取り組みを通して検討する。

第1は，経営者が主体となり，組織変革において経営管理制度を構築することによって，競争優位の組織ルーティンが形成されたのではないか。

第2は，組織変革の遂行段階で，組織ルーティンが安定する側面において，意思決定の判断基準とそのプロセスの基準を明確にしてきたのではないか。

第3は，組織ルーティンが安定する側面において，経営者が主体となり，意図的，計画的に組織形態を創出することによって，組織ルーティンの変化が生み出されたのではないか。

第4は，競争優位の組織ルーティンが持続的であるためには，経営者の哲学から発する経営理念の機能化を通して，組織変革が断行されたのではないかという点である。

組織変革は，組織ルーティンが変化する側面であり，組織メンバー間の主体的な組織学習と深く関連している。組織ルーティンが変化するためには，経営者の理念を共通に理解する，対話の場と体制の整備が求められるものと考えられた。

これら4つの仮説から，組織変革期における経営理念の機能的側面を，競争優位の事業活動としての組織ルーティンの遂行プロセスとの関係から考察する。

4.2.1　経営理念と組織変革[58]の共進化

丸田芳郎社長（在任期間 1971〜1990 年）[59]が，1976 年に自身で明確な花王

---

[58] 主な参考文献は，花王経営史編集プロジェクト編 (2003)『絶えざる革新:明日に受けつぐ花王の精神』花王，花王株式会社ホームページ，国友隆一 (1990)『花王の秘密:丸田芳郎語録で解き明かす超革新経営の中身』こう書房である。

[59] 丸田芳郎社長が就任したのは，石油危機以前の 1971 年 10 月である。社長任期は 19 年近くにわたった。石油危機への当面の対応を終える頃から自身の確固とした経営理念を樹立し，トップメーカーの地位を確立するとともに，いわば「花王システム」というべき，日本の情報社会に則した総合的で効率的な経営体制を創出した。

の経営理念を構想して,新しい基本的方針を提示し,とくに1980年代になってめざましい成果をあげるようになった。

花王の「創造性の重視」,「人間性の尊重」そして「消費者優先」の精神は,創業以来120年,変わらない「経営哲学」として基礎づけられ事業活動が図られてきた。「清潔・美・健康」は,標語として活発に用いられ,「清潔な国民は栄える」は,花王の創業以来の理念として認識され強調されてきた。経営の基本方針も,消費者のニーズにきめ細かく対応しつつ,メーカーとして長期的な視野に立脚した研究・技術開発と,情報諸手段をフルに活用した経営諸活動の統合を図っている。

丸田芳郎社長は仏教,禅などに対する造詣が深く,なかでも聖徳太子に関して詳しい知識をもっている[60]。花王の経営理念のルーツとしての絶対平等,和の精神,競争否定といった独自の価値観あるいは考え方がある。

4.2.2 組織変革とTCR運動の連動

1985年,「花王石鹸」は「花王」への社名変更[61]とともに,1986年から,TCR運動[62]が推進され,生産,販売,物流の統合をコンピュータ利用によって,高度にシステム化された経営が実現されることになった。

TCR運動は,当初いわゆるTQCを一歩進めてトータル・コスト・リダクション(Total Cost Reduction,全社的コスト低減)として発想したもの

---

[60] 丸田芳郎社長は,日経ビジネスのインタビューで,1971年に病死した伊藤英三前社長の後を継いだ時,丸田流の今までの仕事のやり方が,経営の方法論や,社員の規範になりにくいことを自ら気づいていた。そこで,儒教から仏教,キリスト教など古今東西の宗教書,哲学書を片っ端からひも解き,経営の指針となるものを求めたという。そして,信仰を求めたわけではなく,経営の指針として道元と聖徳太子に辿り着いたと語っている(『日経ビジネス』1984年10月15日号,p.87)。

[61] 花王の社名変更は,経営の多角化を反映するもので,当時流行のCI(Corporate Identity)を導入したわけではなかったが,この機会に組織の見直しと社内体制の一新が図られた。その目的は,形式的なライン・スタッフの組織に基づく業務と仕事のあり方を見直し,新しい経営方針に即した,よりダイナミックな経営活動の実効をあげようというものであった。

[62] TCR(トータル・コスト・リダクションないし,トータル・クリエイティブ・レボシューション)は,当初いわゆるTQCを一歩進めてトータル・コスト・リダクション(Total Cost Reduction,全社的コスト低減)として発想したもので,のちにトータル・クリエイティブ・レボシューション(Total Creative Revolution,全社的創造的革新)の意味をもつ運動とされ,従業員個々人の創意を尊重しようとする花王の理念に適合的であるところから,近年では後者の意義がより強調されている。

で，のちにトータル・クリエイティブ・レボリューション（Total Creative Revolution，全社的創造的革新）の意味をもつ運動とされ，従業員個々人の創意を尊重しようとする花王の理念に適合的であるところから，近年では後者の意義がより強調されている。

TCR 運動では 16 項目のプロジェクト[63]がとりあげられた。担当ラインの各部長クラスを中心に数名からなるチームが発足し，専門的な所轄を越えた改善の発想や計画について討議が進められた。TCR のねらいは，コスト削減とともに経営活動をより創造的にすることにあった。TCR という全社的なプロジェクト活動の組織形態によって，後に全社的な組織学習を形成する制度と発展した。

また，1985 年に，花王タイプの事業体制が確立された。それは，家庭品事業部制の改変であり，4 つの事業部が設けられた。1986 年には，化粧品事業を展開するなど，新規事業に乗り出した。大きな組織変革期と言えるだろう。

4.2.3　経営理念による組織学習の誘発

丸田芳郎社長は，花王のマーケティングについて「オープンにしなさい」という方針で進めてきた。その理由は「風土と人材がなければ，真似することはできないから」というものであった。社長就任以来，「和の精神」を表して，役員と社員が一緒に議論できる「デシジョン・ルーム」なる場所を設けた。また，「叡知を集め真理に迫る」ため，研究所内で異分野の研究者を一堂に集める方式であった[64]。聖徳太子の「十七条憲法」をよく引き合いに出して，その中から「和の経営」として企業経営の精神を反映させようとしている。それは，最終的には真理とは一つしかなく，心のわだかまりを取り去って，十分に議論しなければいけないと主張している。

丸田芳郎社長は，社員同士が直接交流する重要性と目的を 5 つに集約してい

63　(1)製品保証システム，(2)建設・設備管理システム，(3)製造アロケーション，(4)委託・工場直結システム，(5)支店・工場直結システム，(6)物流包装システム，(7)化学品商流・物流システム，(8)化粧品業務新システム，(9)事務合理化システム，(10)販促業務システム，(11)福利・厚生管理システム，(12)ペーパーレスと会議の在り方，(13)販促活動および販促費の効率化，(14)物流拠点と船輸送，(15)ソフトウェア開発，(16)工場・原材料サプライヤー直結システム。
64　『日経ビジネス』1984 年 10 月 15 日号，p.88.

る。(1)意見，考え，提案などの公開，お互いのもっている情報を公開し，共有する。(2)コミュニケーションによって，心の面で一体化する。(3)意見，考え，提案などの公開を肩書きにとらわれることなく，率直に発言することができる。(4)認識の共有によって協力態勢がとれるようになる。(5)方向性を正しく認識し，戦略展開の方向性を各人が照準を合わせ結集できることにある。

これが，花王の「和の経営」の真髄であり，いわゆる単に円満に仲良くといった，仲良し経営の意味ではない。社内で上下の区別なく，徹底して議論することが，的確な経営判断に不可欠であるという思想にもとづく経営である[65]。

4.2.4 組織変革における意思決定の標準化

財務戦略面では，年度ごとのリターン・オブ・インベストメント（ROI，投下資本の収益評価制）が設定され，部門ごとの収益の改善が求められた。しかし，部門単位では開発の能力や得意とする製品に限界があり，ましてセクショナリズムに陥っては，花王の経営の基本方針に反することになる。

とくに，開発とマーケティング，ないし販売活動とが密接に一体化して運営されなければ効果があがらない。そこで，この組織変更では，家庭品企画部門が改めて発足した。このなかに企画管理および商品の各部が新設され，かつ家庭品販売本部にパーソナルケア，ハウスホールドおよびサニタリーの各販売部が設置された。4事業部と販売部との連携を進めて，業績の向上を図るものとされた。

この時点の組織改革で，営業マーケティング面において，もう一つの新しい試みも採用された。それは，家庭品企画本部のなかに置かれていた，エリア担当マネジャー制についてである。販売促進にあたるエリア担当のブランドマネジャーは支店の所属とした。これは，ナショナルブランドであっても，支店に常勤することによって，地域に密着したマーケティングと販売で実をあげよう

---

[65] 丸田芳郎社長は，「和をもって貴しとす」の解釈とは，日経ビジネスのインタビューで次のように答えている。「これは議論のプロセスを大事にしろ，ということ。各人がわだかまりをなくして徹底的に議論すれば，チエが生まれるということなんですよ」（『日経ビジネス』1984年10月15日号，p.87）。

とする意図に基づくものであった[66]。

1980年代から，グローバリゼーションとして海外事業の強化は，丸田芳郎社長がとりわけ新時代の基本方針として重視したところであった。1989年，9経営管理指導グループによって，花王のグローバルな事業が展開された。基本理念は次の3原則から成り立っている。(1)事業を通じてその国の経済発展に貢献し，国民生活の向上に役立つこと，(2)最先端の技術を移転し，相手国の技術水準の向上と産業の振興に役立つこと，(3)その国であげた利益は，できる限りその国に再投資する。経営は出来る限り現地の人に任せるという3原則である。この基本方針の浸透は，全社員の判断と行動基準を明確にし，意思決定ルーティンを形成する基盤となっているものと言えるだろう。

花王は，コア・コンピタンスを「家庭製品」とベースを定めている。自社でコントロールできないことには手を出さないという徹底した自前主義であり，「日々イノベーション」という哲学が根底にすえられた意思決定ルーティンである。「清潔・美・健康」という企業理念と経営哲学に常に照らし合わせて，自社がイニシアティブをとれるビジネスに集中してきたのである。

4.2.5　創発的な組織学習を誘発する組織形態

丸田芳郎社長は，競争否定の経営を主張している。基本的な理念としては，競争にあまりに重きを置いていない。他社の動向に意識を奪われ，顧客を見失ってしまうことは何よりも戒めなくてはならないからである。それよりも，「絶対真理」の追求こそ花王の基本理念であり，そこから，基礎科学の研究を重視する風土が生まれる。積極的な異質との交流を促進し，消費者に対しては，自らの商品の特徴をひたすら説明するという姿勢が生まれるのである。そして，丸田芳郎社長は，ライバル企業なんてものはありえないと言いきっている[67]。

66　1999年広域9販社が合併して，花王販売(株)設立（2004年100％子会社化。2007年に花王化粧品販売（株）と合併し，花王カスタマーマーケティング(株)に）。
67　丸田芳郎社長は，「私はね，ライバル企業なんて，ありえないと言うんですよ。ご同業とはいいますけどね。ライバルというと，ケンカ，闘争でしょう。そうじゃなく，われわれは天の真理と受けとめられるかが問題なんで，それをわれわれが余計に受け止めれば，ご同業とは関係なく，もっといいサービスをお客様にしてあげられる」（『日経ビジネス』1983年10月31日号, p.9）。

また，同業者との競争でシェアを奪い，売上や利益を上回るのが企業の目的ではないという理念が社員にも浸透している。真に価値あるものを創造していくことが企業の役割である。このような考え方を具現化したのが「ノルマの撤廃」[68]であった。とにかく理念と現実との狭間で，ノルマと数値目標とのちがいを認識しつつ競合の姿に目もくれず，ひたすら邁進する花王の社員たちが，日本の優良企業へ導いたものと考えられる。

さらに，花王には稟議書がないため，自らの情熱を持って上司を説得し，トップを口説き落とすしかない。花王の卓越した販売情報システムなどは，たとえ他社に真似をされたとしても，企業文化や風土までも盗まれないという信念がそこに存在するようである。

花王にはタイムカードもあったが，丸田芳郎社長時代に廃止された。タイムカードがなければ，ごまかす人も出てくるかもしれない。しかし，そういう人が出てもいいと主張し，花王の社員を信用した経営を貫いている。

1986年ころから，肩書廃止運動を全社規模で展開されたため，部長，次長は主任部員に，課長，係長はグループリーダー，プロジェクトリーダーという呼称に変更された。また，1989年，「さんづけ運動」も展開してきた。これらのオープンな組織風土は，メンバー間の創発的な組織学習をさらに加速することになり，花王における意思決定は組織学習によってさらに機能したものと考えられる。

4.3 花王ウェイの具現化と組織変革のルーティン化 （1990年～2012年）

花王には，日々イノベーションをしていかなければ，企業はその責務を果たし得ないという風土がある。当たり前のことを当たり前に行うことが自然にできている強みである。また，花王では，日々革新ということで，誰もがそれを当たり前のこととしてとらえている。トップが決定したことでも，現場に意見

---

[68] 丸田芳郎社長は，「数字にはロマンも何もない。それどころか単に数字を出せば，それがひとり歩きしてします。何年後に売上〇〇億円などという目標を掲げて，だれが張り切れただの，頑張れただの社員のシリを叩いている経営者は卑怯だ」と断言している。

を求め，撤回することが少なくない。つまり，現場のルーティン業務を行うメンバーの意見や活動から，イノベーションを生み出すことの重要性が指摘できるだろう。常に組織変革することが，日常活動として全社に組み込まれていることを示している。

このように，花王における戦略的組織ルーティンは，組織変革，意思決定，組織学習，組織形態のそれぞれがお互い連動し，可変的なルーティンサイクルによってスパイラルに進化しているものと言えよう。

基本理念は「顧客の立場にたつ」ことである。「企業理念」はあくまで「言葉」であり，それを実現するのは企業風土である。一人ひとりの社員が，経営理念を実行するような企業風土がなければ，理念は機能しない。

4.3.1 経営理念の改変

尚，花王の経営理念は1975年に策定され，1995年改定されている。また，花王では『花王ビジネスコンダクトライン』を設け，コンプライアンスをうながしている。さらに1999年一部改定し，「花王ウェイ」として，「使命」「ビジョン」「基本となる価値観」「行動原則」で構成されている。「使命」とは，私たちは何のために存在しているのか。「ビジョン」とは，私たちはどこに行こうとしているのか。「基本となる価値観」とは，私たちは何を大切に考えるのか。「行動原則」とは私たちはどのように行動するのかである。また，「花王のマネジメントブック」（1990年5月）を発行し，経営理念の第1として「消費者への奉仕の精神」を掲げ，花王の経営理念と研究・技術開発を中心に統合をめざす経営方針で説明している。このような理念は，花王流通コラボレーション戦略（斎藤・山田，2001）として，独自で他社が模倣困難なシステム構築につながっている。こうして，花王の経営理念は，経営活動を，研究と技術開発を軸にユニークで高度に統合されたシステムへと発展したものと考えられる。

経営理念の具現化については，常盤文克社長（在任期間1990～1997年）の時代に，社内でチームを作り，花王の理念とは何かを議論し始めた活動が発端となっている。当時，海外の企業の報告書の多くに，コーポレート・フィロソフィーの記述があることに担当者が気づいて社内で提案したからである。その後，当時の経営陣のメッセージからキーワードを抽出し，1年ほど掛けて策定

したのが『花王の基本理念』であった。しかし，1995年の『花王の基本理念』は，その内容に共感を示す社員は多かったものの，その後，組織的に活用されることはなかった[69]。つまり，経営理念は十分に機能していたとは言えない。

　後藤卓也社長（在任期間1997～2004年）の時代，2002年の春に当時の経営陣の発案により，丸田芳郎元社長の事績を残す主旨で経営史の編纂が始まった。そして，「花王ウェイ」の「よきモノづくり」「絶えざる革新」「正道を歩む」といった価値観につながる精神[70]をまとめ，2003年6月花王の経営史『絶えざる革新明日に受け継ぐ花王の精神』が発行された。また2004年，「花王の基本理念」を再構成した，花王グループの企業理念「花王ウェイ」を策定し，1995年以来の大幅な改定を行った。

　花王ウェイは，創業以来受け継がれていた企業文化・精神を言語化したもので，グローバルでの共有を図ることが目的である。花王では企業理念を競争力の源泉と位置づけ，仕事の革新を促す手段として活用している。

4.3.2　M&Aとグローバル戦略

　花王の2000年以降の事業展開の特徴は，M&Aによる本格的なグローバル戦略に見られる。2000年に，タイに花王コンシューマープロダクツ（東南アジア）社設立し，2002年には，中国に花王（中国）投資社設立している。アジアでの生産拠点も積極的な拡大を図っている。同年，アメリカとイギリスを拠点とした，プレミアムヘアケアメーカーのジョン フリーダ社を買収し，2004年に花王ブランズ社に統合するなど，M&Aによる本格的なグローバル戦略を展開している。

　2005年には，イギリスのモルトン ブラウン社を買収した。2006年には，株式会社カネボウ化粧品が花王グループに入り，化粧品事業も拡大することになった。同年，中国に花王（中国）研究開発中心社を設立し，フィリピンのピリピナス花王社に油脂アルコールの新プラントを建設し，運転を開始するなど，積極的なグローバル戦略を展開している。

69　『労政時報』3794号（2011年3月25日）pp.21-26.
70　創業者である初代・長瀬富郎氏の精神と言葉を，歴代の経営者たちは受け継いできた。

また，アジア事業においても，2006年からは，"仕事の標準化""仕事の連携""花王ウェイの共有"の3つを柱とした「日本を含めたアジア一体運営」を開始している。まさに各国と日本が一体となった戦略の構築と実践である。

中長期にわたる事業目標として，「グローバルな利益ある成長の実現」を掲げ，花王グループの最大の強みである「事業と機能のマトリックス運営」，すなわち各事業部門と，研究・生産・販売などの機能部門が，有機的に強く連携することで生まれる総合力を世界の市場において発揮しようとしている。

2009年にも，花王ドイツ社を通じて，ドイツのプレミアムヘアケア製品の工場を取得し，欧州での生産拠点を固めている。同年，「環境宣言」と「新CI（コーポレート・アイデンティティ）」を発表するなど，花王ウェイの具現化のため，経営理念を機能化する活動を経営戦略と結びつけて展開している。

このように，花王では経営者が交代した場面においても，経営理念を機軸にして，組織変革，組織学習，意思決定，組織形態をそれぞれ相互作用させているのである。経営理念の内面化，共同化，表出化，連結化を通して戦略的組織ルーティンが安定するとともに，変化する影響要因となっているものと考えられるだろう。

以上の事例研究の分析から，抽象的で非明示的である経営哲学ないし経営理念が，企業組織の中でどのような働きをして作用しているのかについて，その機能的側面を戦略的組織ルーティンの考察により，若干ではあるが踏み込むことができたのである。

5．事例分析の結果

花王の事例分析のインプリケーションは，次の4点である。第1に，経営理念を経営管理制度と連動させたこと。第2に，経営理念と経営戦略を連動させたこと。第3に，経営管理制度は規制的・規範的ではなく，組織メンバーによって変化させてきたこと。第4に，経営者の強いリーダーシップで組織変革を断行してきたことである。

ダイナミック・ケイパビリティの構成要素となるのは，戦略的組織ルーティ

ンであると位置づけたが，習慣化された行動として繰り返し実行される組織ルーティンは，個人と組織の行動は強制的・規制的にではなく，主体的，創発的に行われるための経営管理制度が事業活動の基盤に組み込まれていることが明らかになってきた。

第1は，花王のダイナミック・ケイパビリティとは何かの考察であるが，それは，経営管理制度によってもたらされた。様々な情報を組織メンバーが意味づけ，相互の信念・判断・価値をオープンに出しあえるためには，経営管理制度と経営理念が連動していた。その結果，組織学習が誘発され，組織変革を成功させるものと理解できた。

第2は，花王のダイナミック・ケイパビリティを生み出す要因として，経営管理制度に関する考察であった。そこでは，企業の様々な経営管理制度がダイナミックな組織行動を生み出すための要因を，経営管理制度の全体系とした経営理念との関係で解明することであった。その結果，いずれの経営者も，経営理念と経営管理制度を一体化させて，経営戦略として機能させることに注力していた。経営理念を経営管理制度と一体化させることで，競争優位の組織能力が，組織学習によって強化されるものと考えられた。しかし，組織ルーティンを変化させる組織変革の側面では，経営理念の経営管理制度と一体化だけでは，説明することは困難であった。

第3は，企業が成長と発展する要因を，組織ライフサイクルごとに，ダイナミックなプロセスでとらえることであった。組織能力自体は，ダイナミックなプロセスで形成される性質を持つが，経営管理制度は本来，組織能力を形成し安定させることをねらいとして設計されるものである。また別の角度から，一度経営管理制度を設計すると，組織能力をダイナミックに変化させることを困難にする性質を持つ。これら組織能力の変化と経営管理制度との相反する性質を，双方向の関係で動態的にとらえて考察する必要があった。そこで，これら組織ライフサイクルの視点から，1980年代の丸田芳郎社長による組織変革を，経営理念の機能の関係から考察を行った。経営理念が組織変革にどのように作用しているのか，SECIモデルに立ち返って整理しておきたい。

戦略的組織ルーティンの安定局面での内面化という変換モードでは，内面化された高質な暗黙知は「知恵」と呼びうるものであり，それがさらに，新たな

共同化へ繋がって行く。このプロセスにおいて，花王の経営理念のルーツである絶対平等，和の精神，競争否定といった独自の価値観が大きな役割を果たしていた。

戦略的組織ルーティンの安定から変化に移行するプロセスにおいて，全社活動を展開する組織形態が組織変革の実現の鍵となる。そこでの共同化では，暗黙知から新たに暗黙知を生み出す変換モードのプロセスである。すなわち，言葉によらずに，観察，模倣，訓練などの共有体験を通して，フェイス・トゥ・フェイスで他人のもつ暗黙知を獲得するプロセスである。この段階では，TCR運動による組織形態が，メンバー間の組織学習を誘発していた。

戦略的組織ルーティンが変化するためには，組織変革の意味を組織メンバーが理解し，全社的な組織学習を創出する必要がある。そこでは表出化という変換モードが作用する。表出化とは，「暗黙知を明確なコンセプトに表すプロセス」であり，暗黙知から新たに形式知を生み出すプロセスであり，経営理念をベースにした知識創造において最も重要な段階である。この表出化を促すのが「対話」であり「共同思考」であるとされている。暗黙知から形式知への変換は，何よりもメタファーとアナロジーを利用することで効果的に行われることになる。この段階では，和の経営の実践のためのデシジョン・ルームや，大部屋制度など，オープンな組織形態によって促進された。

戦略的組織ルーティンが変化から安定に移行するプロセスにおいて，組織メンバー間の主体的な組織学習と経営者の意思決定の整合性を図る必要がある。そのためには連結化という変換モードが作用する。連結化とは既存の形式知と体系的に結びつけて，新たな形式知を生み出すプロセスである。形式知はデジタル的な知であり，この知識変換モードは，とくにコンピュータ・ネットワークや大規模データベースを利用することで促進することができると理解されている。この段階では，財務戦略面でのROIの設定，エリア担当マネジャー制，経営管理グループによるグローバル事業展開の原則を定めた。同時に，開発とマーケティングないし販売活動を，密接に一体化した情報システムの改革が行われ，意思決定の標準化が行われ成果を生み出した。

このように組織変革期における組織学習は，意思決定の標準化と，メンバー間の創発性を生み出す組織形態が不可欠であった。組織形態が経営理念の機能

と連動して促進されたものと考えられた。

6. おわりに

　経営理念を機軸に経営戦略を明示し，具体的な経営計画と経営行動を結びつけて事業活動を展開していることと深く結びついている。そのうえで，経営者が組織変革を推進することによって，組織ルーティンは変化する。組織変革は，環境変化への適応といった側面だけでなく，経営者の哲学を根幹にし，経営理念と経営戦略を連動させた事業活動の推進によって遂行することが重要になる。そのプロセスは，メンバー間の主体的な組織学習を誘発する組織形態を整備することである。

　そこで，組織ルーティンの変化の起点として組織変革が位置づけられ，その根源に経営理念の機能がある。つまり，経営理念の機能とは，メンバー間で企業の経営目的の再解釈を行い，自らの存在目的を統合することによって生み出されるのである。これらは，経営理念を経営者が主体となって意味づけ，組織メンバーが主役となって受容することによって可能となる。そのうえで，組織全体の自律的な行動によって，安定化した組織ルーティンは変化する。そこでは，組織学習をルーティン化する組織形態が必要となる。

　しかし本研究は，残された課題も山積している。特に次の3つの点を解明していかねばならない。

　第1に，組織ルーティンが変化する前提となる条件は，経営理念ではなく組織形態を通したダイナミック・ケイパビリティにあるのではないか。第2に，メンバー間の主体的な組織学習を生み出すのは，実は意思決定の標準化によるものではないか。第3に，組織ルーティンの変化を生み出すための，経営者の哲学とパワーの問題は，メンバー間のオープンな議論の場の提供を行う組織形態と密接に関係しているのではないかという点である。これらの考察に際して，企業の現場における経営者の意思決定の背景にある考え方を，どのような方法で把握するかという課題である。

第6章

組織変革による戦略的組織ルーティンの破壊と創造―東レ―

〈要 旨〉

　持続的成長企業における競争優位の組織能力とは，環境変化に適応する戦略的組織ルーティンの破壊と創造にある。本章では，戦略的組織ルーティンの構造と4要素のモデルを提示し，それらが破壊と創造を繰り返すメカニズムを，東レの組織変革の考察を通して分析した。

　事例分析の結果，戦略的組織ルーティンの破壊は，強力なトップ・マネジメントのリーダーシップによる組織変革が基点となっていた。官僚化した企業文化を意識改革するため，意思決定基準の明確化と経営管理制度の改革を図り，組織形態を変化させることで全社活動が展開された。一方，戦略的組織ルーティンの創造は，経営理念の機能化によるビジョン経営の実践活動が基盤となっていた。新しい企業文化の形成と組織学習を促進するため，組織メンバーの相互作用を図る全社活動と人材育成が実行された。

　これらの事例分析から導き出されたインプリケーションとは，戦略的組織ルーティンの破壊と創造に4要素が影響を及ぼすことが明らかになった。つまり，戦略的組織ルーティンの安定は，"意思決定"の基準とプロセスの標準化，経営管理制度や全社活動を機能させる"組織形態"が影響を及ぼしていた。しかし，安定した組織ルーティンは固定化する慣性があるため，"組織変革"により，環境変化に適応する組織ルーティンに変化させる必要があった。環境変化に適応不可能となった戦略的組織ルーティンの破壊が欠かせない。

　一方，戦略的組織ルーティンの変化は，経営者が"組織変革"を主導し，組織メンバー間の相互作用による"組織学習"を通して実現する。"組織学習"の誘発は，経営理念の機能にあり，経営戦略の実行のプロセスで"組織形態"

を常に変化させていた。このプロセスを経ることで新たな戦略的組織ルーティンの創造が図られたことである。

1. はじめに

　本章では，企業の持続的成長と発展をもたらすメカニズムを，戦略的組織ルーティンの破壊と創造に焦点を当て解明することである。

　D'Aveni and Gunthe (1994) は，企業間の競争が激化することで競争優位の持続性が難しくなってくる状況を「ハイパー・コンペティション」と名付けた。企業が競争優位を持続できる期間は短くなってきており，一度競争優位を失ってもまたそれを取り戻す「一時的な競争優位の連鎖」を生み出すことが重要になる。このようなハイパー・コンペティションの事業環境下において，理論的には，より積極的な競争行動をとる企業のほうが高い業績を実現できると結論づけている。

　また，Wiggins and Ruefli (2002) は，「持続的な競争優位なるものが本当に存在するのか」という疑問を，大規模なデータと厳密な統計手法[71]を用いて徹底的に検証した[72]。そこでの結論は次の3点にまとめられる。第1は，アメリカでは「持続的な競争優位」を実現する企業は確かに存在するが，その数はすべてのうち2～5%にすぎない。第2は，近年になればなるほど，企業が競争優位を実現できる期間は短くなっている。すなわち，持続的な競争優位を実現することは難しくなっている。第3は，いったん競争優位を失ってからその後ふたたび競争優位を獲得する企業の数が増加している。すなわち，現在の優れた企業とは，長いあいだ安定して競争優位を保っているのではなく，一時

---

[71] 従来の研究では，企業の競争優位を検出するのに自己回帰モデルという統計手法を使っていたが，ノンパラメトリックという手法で代替した。ノンパラメトリック手法を用いることで，従来はサンプルの中の外れ値とみなされていた企業を分析に取り組むことができる。

[72] 『ストラテジック・マネジメント・ジャーナル』や『オーガニゼーション・サイエンス』などの学術誌で，2人は1972年から1997年までの全米40産業にわたる6,772社の投資利益率などの時系列データを用いて，企業が10年以上続けて同じ業界のライバルよりも高い業績を残した場合を「持続的な競争優位」とみなした。

的な優位（Temporary Advantage）を鎖のようにつないで，結果として長期的に高い業績を得ているように見えているという指摘である。

このように企業の持続的成長と発展は，競争優位の組織能力ともいえる戦略的組織ルーティンが，破壊と創造を繰り返しながら成し遂げられているものと理解できる。そこで，戦略的組織ルーティンの構造と4要素について提示し，それらが破壊と創造を繰り返すメカニズムを東レの組織変革の考察を通して分析する。

最初に，組織ルーティンの構造は，Ansoff（1965）の意思決定の3つのカテゴリーに依拠すると3つの階層に整理できる（槇谷，2008）。第1の層は作業ルーティン，第2の層は管理的業務ルーティン，第3の層は戦略的組織ルーティンである。本研究の考察対象は第3の層の戦略的組織ルーティンである。そこで，すでに数社の企業の史的研究から，戦略的組織ルーティンには4つの要素が媒介して機能するモデルを提示し実証研究を進めてきた（槇谷，2009）。その4要素とは，組織変革の断行，組織形態の構築と変化，意思決定の明確化，組織学習の場づくりである。

しかし，組織ルーティンの安定と変化を捉えるには，事業活動そのものの考察が重要であるため，企業の経営目的である経営理念と，組織メンバーの日常活動の関係から捉える必要がある。

2. 組織ルーティンの安定と変化

ルーティンは個人レベルにおいて非人間的で反復的な作業の繰り返しであり，従来の経営学では，イノベーションや組織変革を阻害するものと考えられてきた。しかし，組織レベルの，いわゆる組織ルーティンは，それらを反復的な活動として，単純化・標準化・専門化を極めれば極めるほど改善され変化することが明らかになってきた。

Nelson and Winter（1982）によれば，生物学的進化論において遺伝子が果たす役割は，ルーティン（定型的・慣例的行動手続き）が担い，企業行動の進化は組織ルーティンの発展と変化のプロセスであると定義している。また，

藤本（2000）は，不変性を保証するメカニズムを有する情報蓄積体のことを遺伝子とルーティンであると指摘している。これらの定義から，組織ルーティンの変化が競争優位の組織能力を形成する要素と考えられる。したがって，組織ルーティンと組織変革は相反するものではない。むしろ，組織ルーティンを安定させようとすればするほど変化するというパラドックス現象（大月，2004）があり，それが組織変革を成功に導くというものである。

そして，組織ルーティンの安定と変化を繰り返すことで，ダイナミックな戦略的組織ルーティンの破壊と創造につながってくるものと考えられる。そこで，これら戦略的組織ルーティンの4要素が破壊と創造にどのように影響を及ぼしているのかを，簡単なモデルで提示する（図表6-1）。

図表6-1　組織ルーティンの安定と変化が戦略的組織ルーティンへ移行する経路

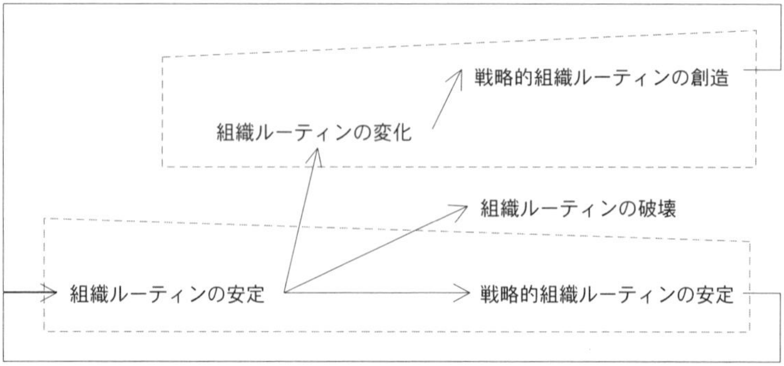

出所：著者作成。

組織ルーティンが戦略的組織ルーティンとして安定するために，日本企業が得意とする生産システムやオペレーションの維持と拡大が求められる。安定した組織ルーティンが変化を余儀なくされるのは，環境変化に適応するためであり，競争環境に打ち勝つための組織能力が構築される必要があるからである。しかし，組織ルーティンを変化させることは危険が伴うだけでなく，重要であるにもかかわらず安定した戦略的組織ルーティンをも破壊してしまう可能性もある。そのため，不安定な変化下においても，競争優位の戦略的組織ルーティンは破壊と創造を常軌化させることで常に自社の組織能力を構築する必要がある。したがって，企業の持続性を保証するメカニズムは，この戦略的組織ルー

ティンの破壊と創造のメカニズムを考察することによって明らかになるものと考えられる。

戦略的組織ルーティンの4要素（組織変革，組織学習，意思決定，組織形態）のうち，意思決定と組織形態によって組織ルーティンが安定し，組織変革と組織学習によって組織ルーティンは変化するものと考えられる。

3. 企業の成長と発展要因としての戦略的組織ルーティンの破壊と創造

戦略的組織ルーティンには，成長を促進する段階で戦略的組織ルーティンが安定するプロセスと，成長を阻害段階でそれを克服するために戦略的組織ルーティンが変化するプロセスがある（大月，2004）。

また，神田・岩崎（1996）は，90社の創業平均198年の老舗企業のアンケートを行い，老舗の経営「三種の神器」として，① 商売・屋号の継続性，② 家訓，③ 創業者一族支配をあげている。また，老舗の企業行動の基本は，企業規模をいたずらに追うのではなく利益を第一義的に追求することである。さらに，老舗が存続のための行動は，「技術と取引の継承と変革」，「伝統への挑戦」，「人的な事業継承」によって説明できるとしている。つまり，伝統と変革という相矛盾することを同時に成し遂げる経営が求められるのである[73]。

戦略的組織ルーティンの安定する要因は，意思決定ルーティンと組織形態[74]ルーティンによってもたらされるものと考えられる。意思決定ルーティンとは，経営戦略を各部門の事業計画や業務目標を実現するためのものであり，判断基準の特定と判断プロセスの標準化を行うことである。また，組織形態ルーティンとは，各部門の事業計画や業務目標を円滑に遂行させると同時に，組織

---

[73] 神田・岩崎（1996, pp.205-222）。この他に，Geus,A.（1997, 邦訳, pp.23-26）世界中で100年以上の歴史を持つ長寿企業がどのように経営されているのかを調査し，持続的成長と発展の要因を整理している。

[74] 組織形態は「組織の行動，すなわちインプットをアウトプットに変換するための青写真」（Hannan, M.T. and Freeman, J.H., 1977, pp.929-964.）であり，組織メンバーの学習を創出する形態である。

メンバーの協働を円滑に促進するための組織形態のパターンのことである。これらの競争優位の組織能力を安定させることで，企業の持続性は保たれる。

一方，戦略的組織ルーティンの変化する要因は，戦略的組織ルーティンの安定が基盤となり組織変革と組織学習によってもたらされる。組織変革とは，事業活動と経営理念の整合性を問い直すことから始まる経営理念を機軸に組織変革を常軌化する活動である。組織学習は，経営理念を経営戦略に結びつけることが前提となる。組織メンバーが経営理念を再解釈する場を通して創発的な学習活動が生み出されるものと考えられる。つまり，戦略的組織ルーティンを変化させるためには，戦略的組織ルーティンを一定の期間安定させる必要がある。

次に，これら戦略的組織ルーティンの安定と変化のメカニズムを，意識改革によって大企業病化を克服した東レの1987年以降の組織変革を考察する。トップ・マネジメントの強力なリーダーシップによる戦略的組織ルーティンの破壊と創造が，企業の持続的成長と発展にどのように作用しているのかについて事例分析する。

4. 事例研究：
東レ株式会社の意思決定と戦略的組織ルーティンの形成

東レは，，三井物産の出資により東洋レーヨンとして1926年に創業した。以来，レーヨン生産から始まり，ナイロン，ポリエステル，アクリルという三大合成繊維や，高機能フィルム，エンジニアリング・プラスチック，炭素繊維複合材料，電子情報材料，高機能膜，医薬・医療材など多様な商品を開発し，基礎材料から加工製品まで幅広い事業を展開して発展を続けてきた。ここでは，前田勝之助社長以降の組織変革1987年から2013年[75]について見ておこう。

---

[75] 主な参考文献は，日本経営史研究所編（1997）『東レ70年史：1926～1996』[本編]資料編：資料・年表（東レ株式会社），東レ株式会社ホームページ，『日経ビジネス』，綱淵昭三（2006）『東レ前田勝之助の原点：現実を直視せよ』実業之日本社，東レ経営研究所編著（2011）『実論経営トップのリーダーシップ「前田勝之助」のリーダー育成論』メトロポリタンプレスである。

4.1 戦略的組織ルーティンの破壊

4.1.1 意識改革による組織変革

東レは1986年4月に創立60周年を迎えた。1985年プラザ合意によって急速な円高が進み輸出依存度の高い企業は打撃を受けた。経営環境は厳しさを増し，経営立直しの抜本的対策が必要であった。当時の伊藤昌壽社長は，「CI（Corporate Identity）運動」や「フォーメーションTプロジェクト」などの活動として全社一丸となった「新創業祭」を開催した。このような環境下で，1987年4月に前田勝之助常務取締役が社長に就任した。

前田勝之助社長は，現在まで成果をあげえなかった理由を，会社全体が「脱繊維」を標榜し新規事業に研究開発や新事業開発に多くの経営資源を投入したことにあると考えた。そこで，従来の戦略を見直し，既存事業と繊維事業である「祖業」を重視する方針を明確に打ち出した。全社一丸となった意識改革を行った[76]。

東レの経営不振については，経営戦略面や環境面のいくつかの問題はあったものの，その最大の原因は組織風土にあると考えていた。例えば，高度成長時代の高収益であった甘え，大企業意識に根ざした人任せ主義，過去の成功に依存したライバル軽視や前例主義，第一線の現場の意見が重視されずに，一部の評論家的な議論が社内を支配していたことなどである。この風潮を打破するため，これまでの仕事のやり方を全面的に改めることを求め，現場主義，現実直視の思想を植えつけていった[77]。

1988年，国際部門を新設し，医薬・医療事業部門，電子情報機材事業部門，さらに関連事業部門も新設している。SOFICAR社（フランス）の経営権取得，1989年，英国コートールズ社のポリエステル長繊維織物事業を買収，トーレ・テキスタイルズ・ヨーロッパ社を設立するなど，積極的な事業提携に

---

[76] 前田勝之助社長は，20年も患っている大企業病の治療にとりかかっていると述べている。その原因は，エリート集団が招いたものであり，企業内に評論家が多くなったことを問題視した。そこで，徹底した現場主義の改革を推し進めたのである（『日経ビジネス』1991年9月9日号, pp.68-71）。
[77] 『日経ビジネス』1987年7月20日号, pp.66-69。

乗り出している。1990年，米国イーストマン・ケミカル社と提携，PCT樹脂「エクター」の輸入販売を開始し，1992年，米国の半導体検査・測定機器メーカー，サーマウェーブ社を買収するなど医薬・医療事業部門を拡大している。この時期に，積極的な事業多角化を図っている。一方，トーレ・プラスチックス（マレーシア）社でABS樹脂の生産販売を開始し，タイのポリエステル長繊維製造会社トーレ・ファイバーズ（タイランド）社が生産販売を開始するなど，「祖業」である繊維事業の基盤を固めている。

　1995年，韓国にTAB用テープ及びフレキシブルプリント回路の製造・販売会社STEMCO社を，1996年に株式会社ケー・ティー・ピーを設立した。仏ローヌ・プーラン・グループのフィルム生産・販売会社を買収，トーレ・プラスチックス・ヨーロッパ社を，1997年，チェコにトーレ・テキスタイルズ・セントラル・ヨーロッパ社を設立した。さらに米国にトーレ・カーボンファイバーズ・アメリカ社を，中国に東麗商事（上海）有限公司を設立し，積極的なグローバル戦略を展開している。

　その後，1997年に平井克彦社長が就任し，前田勝之助社長は会長に就任した。しかし，5年後の2002年，前田勝之助会長が実質の最高経営責任を担うCEOに就任し，榊原定征社長兼COOに就任している。同年，トータルコスト競争力強化（TCプロジェクト）を開始し，意思決定基準の明確化を図る活動を展開した[78]。

　次に，前田勝之助社長（1987年から1997年，会長として1997年から2002年，CEOとして2002年から2004年）が断行してきた，意思決定の基準明確化と経営実践，経営管理制度の改革と組織形態の変化を中心に整理しておきたい。

　売上高と経常利益は1998年までは順調に伸びているが，1998年から2002年が下降している。その後2002年から2006年までは急な再成長を遂げるが，2006年から2009年は売上高が増加しているにもかかわらず経常利益の減少が著しい。そして，2009年から2012年にかけて，売上高と経常利益ともに再成長を遂げている。まさに，短期間に上下を鎖のようにつないで競争優位を維持

---

[78] 『日経産業新聞』2003年11月17日。

している。つまり，組織ルーティンの安定と変化が，戦略的組織ルーティンの破壊と創造を繰り返しながら，急激な環境変化を先取りしながら適応する組織活動が見えてくる。この業績推移と経営者活動の影響要因を単純に結びつけることはできない。しかし，経営者が実行してきた活動を内生性の要素として分析単位とすることで，いくつかのインプリケーションを示唆することができる。

4.1.2　意思決定基準の明確化と経営実践

前田勝之助社長は，前年から行われていた新創業運動を終了させ，中・長期の経営課題として次の4点について意思決定基準を明確に打ち出した。

第1は，事業ドメインのとらえ方を現在の事業分野の枠を越えて再編成すること。第2は，1986年度の環境下で収益目標約400億円を達成するため自助努力でできる具体的手段を設定すること。第3は，繊維事業のAPS（Action Program for Survival）などの合理化・効率化活動は既定方針通り実施しながら，売上増・シェア増・付加価値拡大を図ること。第4は，自助努力項目について各事業の特質に応じたフォローアップ可能な指標を年次別に設定することである。

同時に，活動指標を次々と打ち出した。現実を直視する習慣の徹底，一般論や抽象論より各論や実務を高く評価する会社への変身，各職場への競争原理の導入と目標設定，ラインの重視と強化，画一性を排除しメリハリのある管理体制の実現，企業規律や職場規律の立直しなどである。また，管理の重複や真空地帯が生じないように業務分掌規定や業務マニュアルの作成，管理計算上のドンブリ勘定を改め生きた数値など，早期に改善するよう強い指示を出した。

意識改革の徹底を行う一方で経営管理制度の改革を同時に行った。生産本部で原価削減のための目標管理として徹底させていた「自助努力」による管理項目を，全社的に徹底させた。収益構造を客観的に分析して，自助努力によるものと環境要因によるものとに明確に区分した。また，繊維事業の体質改善強化計画であるAPSの実行に際して，品種別・用途別に利益管理が行われた。利益を極大化するために収益力の高い品種を見極め，それを中心に売上を拡大する一方で不採算品種はカットし，生産も販売に見合う体制に改めたのである。

APSは，意思決定基準を組織全体で実行するための組織形態として機能したものと考えられる。

さらに，1988年度に改定された社内仕切価格制度による改革を実施している。2年前の原価をベースとし原料供給部門であるケミカル事業本部の利益には2年間の自助努力によるコストダウンが反映された。これによって，ユーザー部門である繊維，プラスチックの各事業本部は，自製原料の低コストのメリットを生かして，強いコスト競争力をもって拡販戦略を展開し事業拡大を最大限に推進することが可能となった。これらの自助努力によるコストダウンの結果，ケミカル事業本部はコスト競争力をいっそう強化するとともに，ファインケミカルなど社外への事業拡大に注力することが可能になった。

1987年から1991年にかけての好況期にもかかわらず，体質の強化を図るため約3,000人の在籍人員削減を行った。社外への転進援助制度を整備し，職務相談室の強化を図ったのである。この時期は好況を利用して転職先を容易に探すことができ，しかも好条件での転職も可能であった。

好況期のマイナス影響は，すでに1989年から現れて営業費対売上高の比率が急速に増加した。さらに好況期に企画された設備投資が1990から1991年度には，固定費の顕著な増加につながっていた。限界利益の増加を上回って固定費が増加し，他方で1991年度に入ると不況の影響で売上高が伸びなくなっていた。

一方，バブル経済崩壊後の長期不況の時期に，一部の工場では稼働率が低下したが，工程の空き時間を活用して生産技術の開発・改善のためのテストを積極的に行った。これによって，好況が到来したときに大幅な生産効率改善と品質向上が可能となるリスクマネジメント体制が整備された。また，一定規模の利益が確保できている場合，研究・開発投資，設備投資，採用などを継続的に行うことも方針として徹底された。これらの施策を，前田勝之助社長は「好況時の不況対策」，「不況時の好況対策」と述べている。1991年から1992年にかけて「経営危機管理」と「費用新政策」が検討され実行に移された。

その具体的な取り組みとして，1992年6月にAKF（赤字事業・開発事業のフォローアップ）制度が設けられた。企業成長のためには新規事業が必要であるが，そのための赤字が無制限に拡大することを防止するために一定のルール

を設け，それと個別の事業判断とをミックスしたかたちで開発事業を評価する制度である。この時期に，国際的M&A（合併・買収）や資本提携を積極的に展開する戦略を実行している。

さらに経営上の諸問題を検討するに際して，意思決定基準を明確化している。期間の長短による取組みの方法の明確な区分である。それは，今すぐに解決すべき事項を「今の問題」，中期的に取り組む課題を「中期の課題」，5～10年かけて長期的に進むべき方向を「長期の展望」として，緊急度と重要度を整理して対応することであった。前田勝之助社長は，こうした経営戦略の構築を「経営管理技術」と表現している。経営戦略の実現には経営管理制度の重要性を指摘しているものと考えられる。意思決定基準の明確化により，全社員の活動の方向と足並みが揃えられた。

このように，意思決定の明確化と経営管理制度の構築によって組織変革を断行して行った。組織学習の場は，代表取締役による副社長連絡会が設置されたが，あくまでもトップ・マネジメントを中心に設計した組織形態であった。

4.1.3 経営管理制度の改革と組織形態の変化

組織の改革において，東レ型事業本部制と連邦経営があげられる。東レの基本組織は，事業本部制を採用したり職能別組織に戻したりと経営の要請にあわせた，柔軟でフラクタルな組織形態[79]と理解できる。

1979年11月に，現在の事業本部，生産本部並立組織の原型を導入[80]した。導入当時は，事業本部（営業）を核として川下進出や新事業による多角化を推進し，生産本部を独立させて共通的・横断的管理を行った。1987年以降，前田勝之助社長は営業，生産といった職能的な責任をいっそう明確にした。事業本部には利益責任をもたせ，生産本部には原価責任をもたせるとともに，生産本部内の事業担当役員には事業運営へコミットさせ，マトリックス的な組織運

---

[79] フラクタルとは，複雑系の研究で用いられる用語で，「全体の形と相似する形で部分が出来上がっている，あるいはそれらの部分を集めて，全体を作ると再び同じ形になる」という意味である。自然界でよく見られる形で，木の葉の全体の形とその細部の葉脈の形は相似形であり，フラクタルとして知られている。

[80] この組織形態は1996年現在まで続いた。

営を行ったのである。これによって、事業本部・部門は生産本部に対して厳しいコストダウンを要求し、生産本部はいっそうの拡販を事業本部・部門に求めるなど、事業の強化・拡大という共通の目標に向って、相互に切磋琢磨する体制が確立された。意思決定を全社的活動として実践する組織形態であった。

　事業本部・部門の視点ばかりでなく、全社横断的に、かつ中・長期的に考えて判断する体制をつくり、生産本部、研究本部などラインが責任をもって検討することとした。そのための仕組みとして、1985年設立された技術センターの機能の拡充、研究開発戦力配分を全社的に決定するシステムであるMPR (Marketing Production & Research)、および重要な技術テーマの意思決定を行う技術委員会、職能別横断的な人事運営を円滑、公平に行うための分野別人事委員会などの設置とその充実が図られたのである。

　独自の経営管理制度として、1987年7月代表取締役による副社長連絡会が設置された。部長級以上であれば誰でも議題を提出して、トップ・マネジメントの意向を直接打診し、相談のために出席することができる。いわば「駆込み寺」の機能をもつ組織である。常務会や経営会議のような、意思決定のための正式な機関ではなかった。そのため資料はなくてもよいとされ、早期に経営トップと基本的な方針や方向性について議論できるので多くのテーマが提出された。オープンな場であったため論議は深夜にまで及ぶこともあり、この副社長連絡会は月2回コンスタントに開催された。これらは、トップとミドルの組織学習の誘発を意図した取り組みであった。

　意識改革の具体策として、まず経営企画室の役割期待を変えた。繊維、プラスチック、ケミカル、複合材料、研究開発、財経、国際、新事業の各本部・部門から1人ずつ、部長級の主力を新設した経営企画グループに配属する組織変革である。経営企画グループの役割は次の3点であった。第1は社長の経営方針を各本部・部門に伝えること。第2は各本部・部門の意見や問題を社長に伝えること。第3は社内のコミュニケーションの徹底を図ること。これらの役割を実現するため部長懇話会の開催を行った。オープンな組織形態による組織学習の誘発を意図したものと理解できる。

　1回に十数人ずつ出席した工場長、研究所長、部長に対し、長時間にわたって前田勝之助社長は経営に対する考えを伝え、「強い体質の東レ」を再建する

ための意識改革を促したのである。部長懇話会は，1987年9月から2年間にわたって月2～3回の頻度で開催され，延べ326人が出席した。

　1987年11月に戦略的広報を重視して，広報課と人事部から移管した社内報グループをあわせて社長直轄の広報室を設立した。最初に社内・社外に対する情報の一元化を図る施策を打ち出した。経営会議や常務・本部長会議で討議・決定された経営方針は，職制を通じて課員，グループメンバー一人ひとりに伝達され，また社内報などを通じて全社的に共有できる体制を整備した。

　1988年4月に関連事業本部が発足し，原則として国内関係会社は同事業本部のもとに集約される組織形態に変化させた。東レの経営にとって，グループの拡大・強化は重要な課題であった。しかし，従来その取組みは東レとの事業の一貫性が強調されたり，個別会社の独立性が重視されたり，時系列的にも，また経営的視点からも一貫性と統一性を欠いていた。前田勝之助社長は，連結決算重視の「連邦経営」の推進を東レの重要な経営課題として明確に打ち出すとともに，組織・推進体制を整備したのである。

　1990年，ファッション部門を新設し，翌年の1991年，研究開発本部の開発本部を技術センターに，研究開発本部を研究本部に峻別した組織形態を構築している。1992年，現場のリーダーが主体性をもった経営課題への取組みを図る目的でID-2000運動が開始された。前田勝之助社長は就任以来，トップダウンの経営を行ってきたが，開発事業を評価するAKF（赤字事業・開発事業のフォローアップ）制度と，組織メンバーの主体性を尊重した制度も整備している。

　また，2000年には新市場の開拓に注力するため，GO（グローバル・オペレーション）推進室（ユニクロ対策室）を開設し，現在のヒートテック開発の成功の基盤を築いた。その後この事業は拡大を図ることになる。そして2004年，中期経営課題"プロジェクトNT-II"を開始した。全社活動を推進する組織形態を構築し組織活性化を図る活動の展開である。2009年，社長直轄組織として地球環境事業戦略推進室を新設し，環境配慮型事業活動ならびにCSR活動が気候変動や社会の持続的成長に貢献している。

　このように，官僚化した企業文化を，社員の意識改革を促す経営管理制度と意思決定で，成長を阻害する戦略的組織ルーティンの破壊を図ったのである。

4.2 戦略的組織ルーティンの創造

　戦略的組織ルーティンを破壊するだけでは組織変革は成功しない。そこで，前田勝之助社長は1988年5月，管理・専門職全員に，『意識改革5つのポイント』と題したリーフレット[81]を配布した。これは社長就任以前から認識していた問題点を明文化したものである。あらゆる機会に全社員，とくに管理・専門職の立場にある者に求めてきた仕事のやり方の変革，職場規律のあり方などを社長就任後にまとめたものである。その背景には，前田勝之助社長は価値観が多様化し，勤労意識も変化しているなかで，東レに入社してきた若い人たちの企業人としてのあり方を危惧していたからであった。そのため，広報委員会のもとに企業文化小委員会を設置するなどの組織形態を指示した。そこでは，社員の一人ひとりが自分の働く企業，仕事に対して誇りをもつことなどの議論を重ねたのである。

4.2.1 新しい企業文化の形成と組織学習の創造

　長いあいだ等閑にされていた福利厚生についても，中期経営課題が策定されて，工場食堂，社宅，独身寮，寄宿舎の整備など，中・長期的視野で計画的に福利厚生の充実が1991年に図られるようになった。企業を支えるのは人材である。連邦経営，グローバル戦略を展開するなかで人材の確保と育成は急務であった。東レ経営スクール（TKS），東レ専修学校を設置し，役員・理事研修会などもより具体的な研修を行うこととした。40歳代の管理者層を対象に，経営を習う250時間研修を開始した。トップ主導ではなく，中間管理職が意思

81　その内容はつぎのとおりである。
(1)　今の仕事の内容を直視し，問題点を見出して改善すること。
(2)　抽象論より各論実務を高く評価する職制と習慣を作り上げること。
(3)　各職場の競争原理を導入し，明確な目標管理を行うこと。
(4)　画一性を排除して弾力的な管理体制を構築し，その中で職場規律を立直すこと。
(5)　管理者はもちろんのことスタッフもグランドに降り，ラインと共に意識改革の先頭に立つこと。
　それぞれの項目に5つのチェックポイントがあり，細かく具体的な問いかけがなされていた。この設問に自問自答することによって，社員に主体的かつ挑戦的な仕事への取り組み，徹底したスケジュール管理と実行，そしてフォローアップを教育し，意識改革の徹底を図ったのである。

決定の中心で，ミドルアップ・アンド・ダウン経営を浸透させている[82]。

1991年4月に長期経営ビジョン「AP－G2000」を実施し，実現するアクションプログラム（AP）として策定され，東レおよび東レグループの長期展望を示すキーワードとして「Growth（成長），Group Management（連邦経営），Globalization（国際化）」を含意する3つのGが，経営活動の統一を図るねらいで提示された。そこでは，2000年における東レと東レグループのイメージを，中総合素材事業，アドバンスト・エンドプロダクツ事業，ヒューマンサービス事業の3つの事業ドメインからなる「総合化学企業集団」[83]と位置づけた。さらに，これを実現するための経営行動指針[84]として，事業分野を「戦略的拡大事業」と「戦略的育成事業」に区分し，事業分野ごとに長期事業戦略がまとめられた。

1992年4月，Identity-2000（ID-2000）運動が開始された。前田勝之助社長就任以来トップダウンの経営を行ってきたが，東レの事業分野が多様化し環境変化も激しくなるなかではより迅速な組織行動が要求された。そこでは，現場のリーダーが主体性をもった経営課題への取り組みと行動が必要であると考えていた。そのため，第一線経営職であるミドル・マネジメントのリーダーシップ発揮と，各職場および一人ひとりが，自らのアイデンティティを確立することを目的に，組織学習を促進する全社的運動を展開したのである[85]。

前年に策定されたAP-G2000を実現するためにも，各職場の役割と課題を明らかにすることが重要であった。そのために東レ全体で約550の課相当の職場が，自分たちの本来の役割と存在意義は何かについて議論し，職場の現状認識と強み・弱みを明らかにしたうえで，職場のあるべき姿を確認した。そして，皆が共感できる「職場アイデンティティ（ID）」と，それにふさわしい行

---

82 『日経ビジネス』1992年2月17日号，pp.38-40．
83 (1) GNP名目成長率を上回る成長をする，(2) 東レグループとして一体となった連邦経営，(3) グローバルな経営活動，(4) 地球環境保護に積極的役割を果す，(5) 良い企業市民として社会貢献し，生き生きとした魅力ある文化を持つ企業集団である，と描いた。
84 (1) 企業体質・意識改革の強化，(2) 連邦経営の推進，(3) グローバリゼーション，(4) 人材の確保・育成，(5) 基礎研究・基礎技術の強化，(6) 地球環境への対応，(7) 新しい企業文化の形成，が掲げられた。
85 『日経ビジネス』1995年2月20日号，pp.27-31．

動目標を設定して職場 ID の確立に取り組んだ。

　もう一つのプログラムとして取り上げられたのは，ディビジョン・カウンシルとジュニアボードである。課長層で構成されるディビジョン・カウンシルを事業部単位に開催し，その代表者によって7つのジュニアボードを編成して経営課題の検討と推進を行い，さらにその結論を論議するための場として副社長連絡会が活用された。自助努力システムや APS を通じて，東レの意識改革はトップ・マネジメントから部長層へと浸透していた。この運動は課長層に積極的なリーダーシップを発揮させて，意識改革を課長以下に浸透させる狙いがあった。同時に，ジュニアボードにみられるように，課長層の積極的経営参加を求めることによって，その活性化を図ろうというものであった。それまでのトップダウンの経営から，課長層のリーダーシップにより，ミドルアップ・アンド・ダウンによる組織活性化が図られたのである。

　この活動と並行して，マネジメント・フォーラム，東レ ID 文化展，パイオニア・チャレンジ・プログラムの3つが推進された。マネジメント・フォーラムは，副社長・専務取締役など経営トップとミドル層の直接的な意見交換の場として開催された。ミドル層がトップの理念・価値観・経営思想に直接ふれると同時に，日常の業務遂行から生まれた問題意識や課題解決の方向などについてディスカッションが行われた。マネジメント・フォーラムは，運動期間内に延べ103回開催され，東レ在籍の1,300人の課長層を対象に2巡した。ミドルが主体的に活動する場の設定を通して組織学習が促進されたのである。

　1995年4月には，その集大成として全社 ID 文化展が実施された。パイオニア・チャレンジ・プログラムは，一人ひとりがチャレンジ精神を発揮して，社会や会社に主体的に働きかけることをめざして進められた。個人のボランティア活動への支援，個々の社員のベンチャービジネスの企画募集と活動支援などが行われた。

　ID−2000運動は，当初の計画どおり3年間で区切りがつけられた。1995年4月に滋賀事業場において社長以下，全社および各事業場・工場推進委員会の委員長，課長層の代表者などの出席を得て「ID−2000総括大会」が開催された。その後1年間，これまで浸透してきた ID−2000運動の主旨を，ラインが推進母体となって各組織に定着させるための移行期間として，ID−2000 ス

テップ・アップ・イヤーが設けられた。こられの取り組みも，組織学習を促進させるきめ細かな全社的な組織形態による活動であった。

また，ID-2000運動のなかから，日常の事務作業の改善が提議され，1995年5月，東京・大阪を中心としたWSP（ホワイトカラー生産性向上プロジェクト）をスタートさせた。これは事務作業など間接業務に対する意識改革であり，全員が電子メールをはじめとする情報ツールを使いこなした業務の高度化と効率化であった。

1996年3月に完成した東レ総合研修センターは，東レおよび海外も含めた東レグループ社員の研修の場となっている。前田勝之助社長は，研修センターに設置された碑文に「企業の盛衰は人が制し，人こそが企業の未来を拓く」と，その思いを刻んでいる。また東レID文化展は，これまでの東レの発展を支えてきた諸先輩の足跡に学び，真の強みや知恵の継承をコンセプトにした「温故知新展」と，東レのビジョンを目にみえる形にすることをコンセプトとした「未来東レ展」の二つで構成され，それぞれが運動期間の第1年目と第3年目に，各事業場・工場ごとに開催された。このように，全社員で理念を共有する活動にも力を入れた。

1997年，MT運動（自ら考え，直ちに実行）の推進，2002年，経営改革プログラム「プロジェクト New TORAY21」を開始し，新長期経営ビジョン「AP-New TORAY21」を策定した。これらは戦略的組織ルーティンを創造するための組織学習が生み出されたものと考えられる。2003年，NT-21でNew Value Creatorを検討[86]し，2004年，中期経営課題"プロジェクトNT-II"も開始している。これらのプロジェクトは，創造された戦略的組織ルーティンを安定させる活動であると理解できる。そして2006年，長期経営ビジョン AP-Innovation TORAY 21，並びに，中期経営課題 プロジェクト Innovation TORAY 2010を策定し，全社的な組織学習の誘発を図っている。つまり，戦略的組織ルーティンの創造と安定を繰り返し，環境変化に適応可能な事業活動へと変化させている。

---

86 『日経産業新聞』2003年5月22日。

4.2.2 経営理念の機能化によるビジョン経営

新「経営理念」は1995年4月16日に制定された。新「経営理念」は，企業の基本使命・存在意義を規定した「企業理念」と，顧客・社員・株主と地域社会のそれぞれに対してとくに重要と考える経営上の基本方針を示した「経営基本方針」，これに呼応して企業と社員がとるべき共通規範を示した「行動方針」の3部からなっている。

新「経営理念」は，今後，長期にわたって東レおよび東レグループの経営活動を支える理念上のよりどころとして位置づけられた。またグローバルな活動展開のなかで利用して国際社会の理解を得るために，和文ばかりでなく英文も作成された。

2002年4月に，それまでの長期経営ビジョンAP-G2000（1991年制定，1997年改訂）の基本路線を検証し，環境変化や経営改革における新たな展望を踏まえて，「21世紀の新しい東レ」への転換のための指針として，長期経営ビジョン"AP-New TORAY21"を策定している。

その後現在に至るまで，2003年から開始している中期経営課題"プロジェクトNT21"およびそれに続く2004年の"プロジェクトNT-II"（"NT改革"）による経営改革を図ってきた。徹底した体質強化と抜本的な事業構造改革に加え，「先端材料事業の拡大」「ナンバーOne事業の拡大」「海外事業の戦略的拡大」などを積極的に推進してきた。そして，この"NT改革"の下での4年間にわたる全社挙げての継続的な努力により，着実な業績回復を果たし，経営改革は確実に成果を上げつつあった。

2006年からの新たな長期経営ビジョンでは，"AP-New TORAY 21"の基本路線を踏襲しつつ，"Innovation by Chemistry"をコーポレート・スローガンとして，Chemistryを核に技術革新を追求し，「先端材料で世界のトップ企業」を目指している。また，技術革新のみならず企業活動の全ての領域において，"Innovation（革新と創造）"に挑戦し，新しい価値を創造している。さらに，これらを通して社会の発展と環境の保全・調和に向けて積極的な役割を果たすとともに，ダイナミックな進化と持続的な発展を遂げ，全てのステークホルダーにとって高い存在価値のある企業グループであり続けることを表明している。

5. 事例分析の結果

　経営理念を機軸にした意思決定と組織形態により組織変革を断行し，全社活動を活性化させる組織学習の誘発を強力なトップによるリーダーシップで実践してきた。つまり，経営理念は，意思決定と組織形態の構築によって組織メンバーの意識と行動に浸透する。また経営理念は，環境適応できなくなった戦略的組織ルーティンを破壊する基準となる。一方，戦略的組織ルーティンの創造は，組織変革による組織学習の誘発により促進される。戦略的組織ルーティンが創造された後に，競争優位の組織能力として戦略的組織ルーティンを安定させる必要があり，それらは，企業の経営管理制度と全社プロジェクト活動によって有効に機能する。しかし，安定した戦略的組織ルーティンは破壊が困難である。

　Langlois and Robertson（1995）は，イノベーションを妨げる慣性（inertia）について着目している。強固なルーティンをもつある組織において，メージャー・チェンジ（大規模な変化）が生じる場合，イノベーションの導入は2つの結果をもたらすというものである。つまり，別の目的に向けて発展してきたルーティンの持続によって妨げられてしまう。あるいは旧来のルーティンが棄却されたにもかかわらず，まだ新しいルーティンが十分に発展していないといった「空白期間」がもたらされるかである。いずれかの帰結が生じるとの指摘である。つまり，イノベーションによって，過渡的な非効率性がもたらされるということであり，組織変革には大きなリスクが伴うのである。

　意思決定基準の明確化を図り，合理的な組織形態の構築は重要であるが，それらを強化しすぎると，組織メンバーの相互作用を誘発する組織学習は生み出されにくくなる。まして，組織変革の場面においては，硬直化した組織文化と組織メンバーの意識と行動の変革は容易ではない。したがって，トップ・マネジメントの行動は，戦略的組織ルーティンの4要素について経営理念を基軸にしてルーティン化を図ることが極めて重要になる。

　組織変革における経営理念の機能とは，新たな戦略的組織ルーティンの破壊

と創造を統合するものと理解できるであろう。言い換えるならば，戦略的組織ルーティンの破壊と創造には相矛盾する戦略と組織の統合が求められ，それらを統合する機能を持つのが経営理念である（図表6-2）。

図表6-2　戦略的組織ルーティン4要素が破壊と創造に及ぼす影響

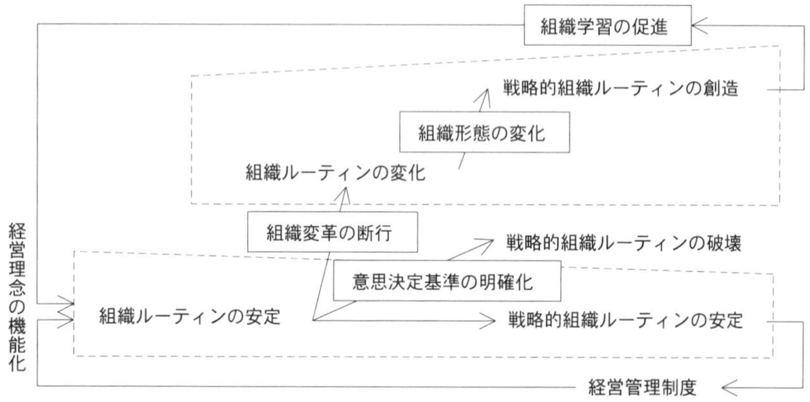

出所：著者作成。

　環境変化が比較的緩やかな状況下では，競争優位の組織ルーティンとして安定させる必要がある。そのためには，組織メンバーのモチベーションの基盤となる衛生要因としての経営管理制度の整備が極めて重要になる。
　一方，クォンタムな環境変化に適応するためには，トップ・マネジメントの強力なリーダーシップによって組織変革を断行する必要がある。その結果，組織ルーティンは外発的に変化する。その後，環境に適応できなくなった戦略的組織ルーティンは，トップ・マネジメント主導の意思決定基準の明確化と実行により戦略的組織ルーティンは破壊される。しかし，破壊するだけでは新たに直面する環境変化に適応できる組織能力は形成されないため，新たな戦略的組織ルーティンが創造されなければならない。それらを促進するのは組織メンバー間の相互作用を誘発する組織形態の変化である。
　組織形態の変化とは小集団活動や組織横断のプロジェクト活動などであり，東レの事例研究では全社運動などがそれにあたる。環境変化に適応する戦略的組織ルーティンの創造がさらに進化し続けるためには，全社的な組織学習が必

要になる。ここで注意しなければならないことは，意思決定基準の明確化とその実行だけでは，戦略的組織ルーティンの破壊を促進することに有効性をもたらすが，創造する局面においては必ずしも有効性をもたらすわけではないことである。そのために，トップ・マネジメント主導の意思決定と，ミドルや組織メンバー主導の組織学習を，組織形態によって同期化し共進化させることが極めて重要になる。

6. おわりに

　戦略的組織ルーティンが破壊と創造を繰り返すことで企業の持続的成長と発展をもたらすメカニズムを，東レの1987年以降の組織変革を通して考察した。その結果，戦略的組織ルーティンの破壊は，強力なトップ・マネジメントの組織変革の断行が契機となった。この活動は，官僚化した組織風土を意識改革によって壊すことでもあった。具体的には，意思決定基準の明確化，経営管理制度の改革，組織形態の変化によって，組織変革を阻害する戦略的組織ルーティンが破壊された。一方，戦略的組織ルーティンの創造は，経営理念の機能が基軸となり，新しい企業文化の形成，組織学習の誘発，組織メンバーの相互作用をさせる全社運動の展開によってもたらされたのである。

　戦略的組織ルーティンの安定は，"意思決定"の基準とプロセスの標準化，経営管理制度や全社活動を機能させる"組織形態"が影響を及ぼしていた。しかし，安定した組織ルーティンは固定化する慣性があるため，"組織変革"により，環境変化に適応する組織ルーティンに変化させることが必要であった。一方，戦略的組織ルーティンの変化は，経営者が"組織変革"を主導し組織メンバー間の相互作用による"組織学習"を通して実現するものと考えられた。"組織学習"の誘発のためには，経営理念の機能化が必要であり，経営戦略の実現の場として"組織形態"を常に変化させて行くことが重要であった。東レの事例から，強力なトップの組織変革は，戦略的組織ルーティンの破壊と創造で実現したものと考えられた。

　本書の貢献は，戦略的意思決定レベルにおいて，組織ルーティンの形成過程

に経営者の経営理念がどのように影響を及ぼしているのかモデル化したことである。その結果，これらのフレームワークに依拠し，組織変革に照準を合わせた企業の実証研究とその分析がますます必要であることが示唆された。

　しかし，本研究には残された課題も山積している。第1に，経営理念と組織ルーティンの関係について，"組織学習"を生み出す"組織形態"に照準を合わせて研究する必要性である。第2に，企業の組織変革期（前後10年間）の，"組織形態"のダイナミックな変化を質的調査する必要性である。第3は，安定する「管理的業務ルーティン」と「作業ルーティン」をどのように結びつけて戦略的組織ルーティンとして変化させるのか，トップ・ミドル・メンバーのインタラクティブな活動の考察を通して研究することである。

第 7 章
組織変革によるダイナミック・ケイパビリティ形成―ダイキン工業―

〈要 旨〉

　ダイナミック・ケイパビリティの概念は，現代企業の戦略と組織の共進化の理解を進展させた。Teece（2007）が提示したミクロ的基礎のフレームワークに依拠し，1972年以降のダイキン工業の組織変革と企業家機能に着目し事例分析を行った。その結果，ダイナミック・ケイパビリティ形成の基盤となる3つの要因が明らかになった。

　第1は，組織変革におけるR&Dと新技術を選択するプロセスで，企業組織の境界を拡大した補完者との協働マネジメントが有効に機能していたことである。第2は，企業組織の境界を越えた戦略的提携と，外部技術の活用を目的とした産官学の連携活動が，競争優位の共特化（co-specialization）を生み出していたことである。第3は，プロジェクト活動とインフォーマルな組織形態によって，組織メンバー間の創発的な活動が促進されたことである。それらの組織形態を有効に機能させたのは，人事管理制度の改変と人材育成制度の拡充であり，組織メンバーのロイヤリティとコミットメントを高めたことである。

　この3つの要因から，ダイナミック・ケイパビリティ形成における企業家機能として，次の2点が明らかになった。第1に，経営者が組織変革を断行するに際して，意思決定の基準を組織全体に明確化することの重要性である。第2に，企業組織の境界を越えたメンバー間の相互作用を誘発させるための組織形態へと常に変化させる必要性である。これら，ダイナミック・ケイパビリティ形成の根源には，人間を尊重する経営者の哲学と理念があった。

1. はじめに

競争優位の持続性については，ポジショニング・アプローチ（Porter, 1980）と資源ベース・パースペクティブ（Resource Based View：以降 RBV）(Wernerfelt, 1984；Praharad and Hamel, 1990；Barney, 1991；Collis and Montgomery, 1998) による2つの見方で説明がなされてきた。ポジショニング・アプローチは競争優位の要因を，成長産業の外部環境に焦点を合わせ，RBV は組織内部の資源や能力に焦点を合わせて分析してきた。ポジショニング・アプローチは組織内部の検討が不十分であり，RBV は外部環境との関係から内部組織の資源や能力を検討する視点が不十分であった。

このような問題意識を背景としてダイナミック・ケイパビリティの概念が Teece et ap. (2007) によって提示された。本章では，これらダイナミック・ケイパビリティのフレームワークに依拠し，日本企業において適用可能かどうかを解明することである。そこで，1973 年以降，激減する環境変化に対して，優れた技術力と組織変革の断行で持続的成長を遂げてきたダイキン工業の企業家機能に焦点を合わせて事例分析する。

2. ダイナミック・ケイパビリティ理論の日本企業への適用可能性

大きな環境変化による戦略シフトにおいて，コア・リジリティ（Lenbard-Barton, 1992）と呼ばれる従来の成功体験が慣性となった組織の硬直性が課題になる。組織の硬直性に対して，組織能力を形成，修正，再配置して，環境変化に持続的にかつ可変的に適応できるのがダイナミック・ケイパビリティである（Teece, Pisano, and Shuen, 1997; Teece, 2007, Helfat, Finkelstein, Mitchell, Petaraf, Singh, Teece, et,al., 2007）。

Teece (1997) は，進化経済学（Nelson and Winter, 1982）を取り入れ，ポジショニング・アプローチで重点が置かれていた外部環境の分析と，模倣困

難な一連のルーティンと，組織スキル，補完的資源を組織内部に形成するという点に着目し，競争優位の持続は，「急速に変化する環境に対応して内外のコンピタンスを統合，構築，再構成する企業の能力」（Teece et al., 1997, p.516）であると主張した。その後 Teece et al（2007）は，ダイナミック・ケイパビリティのフレームワークを提示した。「企業は，ダイナミック・ケイパビリティによって優れた長期的パフォーマンスをサポートする無形資産を創造・配置・保護できる。さらに，ダイナミック・ケイパビリティのミクロ的基礎は，明確なスキル，組織プロセス，手法，組織構造，意思決定ルール，規律である」（Teece, 2007, p.3）と，極めて具体的に競争優位の組織能力を形成する経路を定義したのである。Helfat et al（2007）も，「ダイナミック・ケイパビリティとは，組織が意図的に資源ベースを創造，拡大，修正する能力」であると定義した（Helfat et al, 2007, 邦訳, p.6）。

しかし，アメリカ企業をケースとして提示されたこれらのフレームワークは，日本企業を分析するうえで適用が可能であるだろうか。その場合，2つの疑問が浮かび上がる。第1に，Teece のダイナミック・ケイパビリティのミクロ的基礎は，そのフレームワークを提示するにとどまり経営者機能について十分な説明がなされているとは言えない。したがって，経営者の組織変革を断行する段階で，組織メンバーとのインタラクティブな関係を，企業家機能[87]に焦点を合わせて考察する必要がある。第2に，Helfat et al（2007）の研究においても，戦略と組織の共進化するプロセスで，経営者の役割の重要性を指摘しているものの，組織メンバー間の活動と結びつけた考察が不十分である。そのため，日本の企業にダイナミック・ケイパビリティの理論が適用可能かという点も疑問が残る。

87　Penrose (1959) によれば，企業というものは単なる管理的単位以上のもので，生産資源の集合体である。企業は2つの資源に細分化され，企業の成長は経営者が企業家機能（managerial services）をもって未利用の生産機能と能力（productive services）を利用することにより，企業の質的改善を伴う規模の拡大を図る。つまり，「未利用で潜在的な生産機能と能力」と，「顕在化した生産機能と能力との束」として定義している。したがって，本章において，一般的に言われる経営者機能は，経営者が果たす広い意味での役割に対して，企業家機能は，未利用の経営資源の活用と組織能力を生み出すダイナミック・ケイパビリティの形成基盤の機能として位置づけている（Penrose, E.T. 邦訳, pp.42-57）。

そこで最初に，Teeceのダイナミック・ケイパビリティのフレームワークとミクロ的基礎を整理する。

3. ダイナミック・ケイパビリティのミクロ的基礎

Teece (2007) によれば，「ダイナミック・ケイパビリティは，分析上，ダイナミック・ケイパビリティがセンシング，シージング，脅威・変形のマネジメント（トランスフォーメイショナル・アクティビティ）の活動に分解できると，そのフレームワークを提示した。資源やコンピタンスは，技術的適合度を持続可能にさせる企業のオペレーショナル・ケイパビリティとみなしてきたものに他ならない。（中略）対照的にダイナミック・ケイパビリティは，顧客のニーズの変化に対応し，進化的適合度を維持・増大させ，その結果，投資した企業にとって長期的な価値を構築するために，機会を感知し，活用し，脅威を乗り越え，特殊資産・共特化資産を結合・再構成するマネジメントの能力という，高いレベルの活動に関連する」(Teece, 2007, 邦訳, p.54)。

このように，ダイナミック・ケイパビリティは，第1に市場や技術的適合を図るセンシング，第2に戦略的意思決定を実行するシージング，第3に経営資源と組織構造の再結合と再構成を行う脅威・変形のマネジメントの3つの要素から構成される（図表7-1）。

図表 7-1 ダイナミック・ケイパビリティの3要素とミクロ的基礎

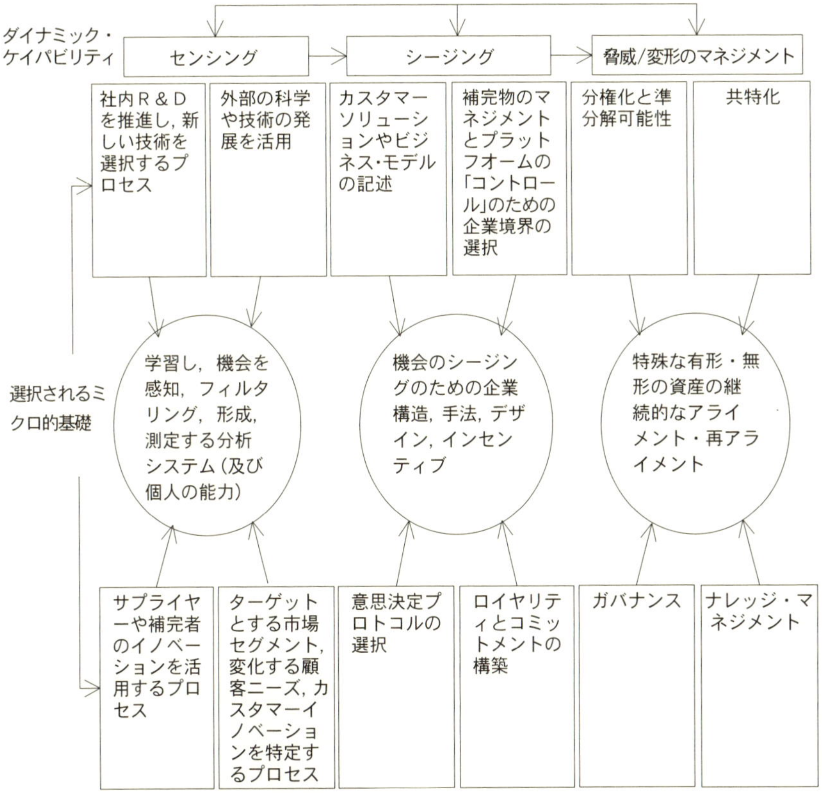

ダイナミック・ケイパビリティ: センシング → シージング → 脅威/変形のマネジメント

選択されるミクロ的基礎:

- センシング
  - 社内R&Dを推進し，新しい技術を選択するプロセス
  - 外部の科学や技術の発展を活用
  - 学習し，機会を感知，フィルタリング，形成，測定する分析システム（及び個人の能力）
  - サプライヤーや補完者のイノベーションを活用するプロセス
  - ターゲットとする市場セグメント，変化する顧客ニーズ，カスタマーイノベーションを特定するプロセス

- シージング
  - カスタマーソリューションやビジネス・モデルの記述
  - 補完物のマネジメントとプラットフォームの「コントロール」のための企業境界の選択
  - 機会のシージングのための企業構造，手法，デザイン，インセンティブ
  - 意思決定プロトコルの選択
  - ロイヤリティとコミットメントの構築

- 脅威/変形のマネジメント
  - 分権化と準分解可能性
  - 共特化
  - 特殊な有形・無形の資産の継続的なアラインメント・再アラインメント
  - ガバナンス
  - ナレッジ・マネジメント

出所：Teece (2007, p.49；渡部直樹編著邦訳 2010, p.49)。

3.1 市場や技術的適合を図るセンシング

　第1の市場や技術的適合を図るセンシングは，事業機会の探索，フィルタリング，分析するシステムであり，経営者層を中心とする組織メンバー個人の能力に依存する。

　イノベーションによるR&Dと新技術の選択プロセスでは，経営者層の事業機会の環境認識能力が極めて重要になる。その経営者の認識能力で直観が果たす役割が大きく，その直観は，現場に密着している顧客やサプライヤーなどの

補完者から，情報を得る組織プロセスから生みだされる。企業組織の境界を越えた産官学との共同研究体制によって事業機会の探索の幅が広がり奥行も深まるのである。したがって，経営者層は顧客ニーズの把握をサプライヤーとの協力により，外部の技術を取り入れたオープン・イノベーション（Chesbrough, 2003）をデザインする必要がある。

3.2 戦略的意思決定を実行するシージング

第2の戦略的意思決定を実行するシージングは，企業構造，経営手法，組織デザイン，インセンティブ・システムを構築することである。

この段階では，顧客の課題を解決するビジネス・モデルの選択が経営成果の持続性を左右する。新技術や新サービスは，一時的に企業業績の拡大をもたらす可能性があるが，持続的に成長するためには新たなビジネス・モデルの選択と，そのアライメントが不可欠になる。また，意思決定プロトコルの選択は，官僚制組織の特徴として組織が硬直化する傾向に陥る。なぜなら，経営者の理念ないし哲学が組織メンバーに受容されなければ，創発的な活動は生み出されにくいからである。そのため，イノベーションを阻害するような選択であってはならない。したがって，常にビジネス・モデルを創造，修正，発展させることがダイナミック・ケイパビリティの基礎となる。そして，どのように企業価値を獲得するかは，すべてビジネス・モデルを選択する基礎となるアーキテクチャにかかわってくる。

グローバル企業では，補完者へのマネジメントのため相互依存的なプラットフォームの形成が重要である。経営者層は，既存の競争優位の資産の所有と，意思決定バイアスの相互作用効果に注意しなければならない。自社の収益性の高い事業に依存し，自社最先端の技術をライセンシングすることは，確立しているケイパビリティ，補完的資産，管理ルーティンを排除する傾向がある。つまり，良いポジショニングを得ることで，競争優位の組織能力形成を妨げる組織慣性があるからである。その組織慣性を阻害する要因を取り除くために，経営者の強力なリーダーシップで，メンバーの組織へのロイヤリティとコミットメントを図る必要がある。

3.3 経営資源と組織構造の再結合と再構成を行う脅威・変形のマネジメント

　第3の経営資源と組織構造の再結合と再構成を行う脅威・変形のマネジメントとは，持続的に収益を維持するため，資産や組織構造の再結合と再構成を図ることである。

　企業は規模の拡大に伴って分権化が必要になる。しかし分権化は，統合しようとする組織能力を分断する可能性もあるため，組織は強い自律性をもたねばならない。一方で，調整を必要とする諸活動とも結びついていなければならない。これはサイモン（2002）が指摘した準分解可能性（near decomposability）と呼ばれる特性である。これらを具現化した組織形態として，機能横断的なR&Dチーム，新しい製品開発ルーティン，品質コントロール・ルーティン，技術や知識の移転ルーティン，パフォーマンス測定システムがあげられる（Eisenhardt and Martin, 2000）。

　Teece（1986）が指摘しているように，企業組織の境界の決定にとって規模と範囲の経済性の重要性が弱まった。一方で，企業の戦略にとって共特化（co-specialization）の重要性は高まってきた。顧客が考えているように，ハイテク製品はしばしばシステムである。これらのシステムは，プラットフォームに支えられている相互依存的な構成要素から成るという点を見落としてはならない。つまり，ダイナミック・ケイパビリティ論で強調される組織的適応・適合という概念の重要な次元は，共特化の次元である。共特化には，ある資産と他の資産の共特化，戦略と構造の共特化，戦略とプロセスの共特化などがある。つまり，Teece（2007）は，システムやネットワークが存在するときには，企業内のノウハウだけでなく，外部からのノウハウの統合が成功のために特に重要であると述べている。優れたインセンティブ・デザインや，学習，知識共有，知識統合の手順の構築[88]は，ビジネスのパフォーマンスにとって重要であり，

88　Nonaka and Takeuchi, (1995) は，トップとボトムの結節点であるミドルが知識創造の主体となって，トップとボトムに働きかけて新しい価値を創造するマネジメントの方法を提唱した。

ダイナミック・ケイパビリティの主要なミクロ的基礎であるとの指摘である。

4. 企業家機能の研究系譜

4.1 伝統的企業家機能の研究

　企業家機能は，ビジネスプラン発案機能，危険負担機能，組織管理機能の3つの側面でとらえられる[89]（池本，2004）。これらの企業家機能を全て含めてとらえたのは先駆的な経済学者のMarshall（1920）[90]である。内部組織能力の形成は，企業家のビジョンとリーダーシップである[91]（Penrose, 1959）。ビジネスプラン発案機能と危険負担機能を実行するためにプロモーター機能が位置づけられる。危険負担機能と組織管理機能を実行するためにガバナンス機能が位置づけられる。ビジネスプラン発案機能と組織管理機能を実行するために組織デザイン機能が位置づけられている。これら伝統的な企業家機能の研究に加えて，企業家・経営者・マネジャーの機能に関する領域に触れている研究系譜を簡単に整理しておきたい。

4.2 組織内外のマネジメント機能

　近代組織論の代表的論者であるBarnard（1938）は，「組織の存続はリーダーシップの良否に依存し，その良否はそれの基礎にある道徳性の高さから生ずるのである」（Barnard, 1938, 邦訳，p.295）と，企業家のリーダーシップは道徳的理念の高さと領域の広さから生ずると指摘している。つまり，共通目的，コミュニケーション，貢献意欲と，組織道徳の創造によって管理責任を果

---

[89] ビジネス発案機能のKirzner（1973），危険負担機能のKnight（1921），組織管理機能のPenrose（1959）である。これら3機能を包含する企業家論の源流にMarshall（1920）を位置づけている。
[90] Schumpeter（1921）は市場メカニズムに対して超越的な形で企業家の役割を展開したのに対し，Marshall（1920）は市場のメカニズムに内在的な形で企業家の役割を解釈したと指摘している。
[91] Penrose（1959）において，企業家的資質や能力は，経営がそもそもチームワークから成り立っており，その資質や能力の制約は，その協働というチームワークにあることを指摘している。

たすという企業家機能である。

イノベーションとマーケティングの重要性を指摘した Drucker（1954）によれば，トップ・マネジメントの役割とは，事業目的の設定，組織構造の設計，渉外，法的責任である。そのために，トップ・マネジメントのチームワークにより，取締役会を機能させることが重要になる。さらに，規模，多角化，グローバル化，成長，イノベーションをマネジメントする機能があげられている。

マネジャーの仕事を観察しその仕事を体系化した Mintzberg（1973）によれば，「企業家としてのマネジャーは，組織の計画的変革の多くについて，これを提案し設計するという責任がある」（Mintzberg, 1973, 邦訳, p.272）と述べ，その役割として，対人関係に関わる役割，情報に関わる役割，意思決定に関わる役割があることを指摘した（Mintzberg, 2009, 邦訳, p.66）。

また，アメリカ大企業の経営者を考察してきた Chandler（1977）は，経営者による企業マネジメントが市場メカニズムを決定することを見出し，その重要な機能は，資源配分，監視，調整であるとした。これら3つの機能の内部組織マネジメントが経営者の役割であることを主張した。このように，企業家機能は組織内外のマネジメント機能としてその領域が示された。

4.3 競争優位の経営戦略を構築する機能

競争戦略論を提唱した Porter（1980）の理論を，経営者の役割という視点からとらえると，収益につながる業界構造を分析し事業戦略の構築の重要性を指摘したことである。産業構造でのポジションである外部環境条件が，企業収益に大きな影響を与えると主張し，他社との競争戦略をマネジメントするための分析枠組みを提示した。

その後，企業の資源ベースが競争優位をもたらすと主張した Barney（1996）は，価値（value），希少性（rarity），模倣困難性（inimitability），組織（organization）に関する4つの経営資源を創りだすことが企業の競争優位を生み出すとした。Barney の理論を経営者の役割という視点からとらえると，経営資源ないし組織能力を形成し持続させることの重要性を指摘した。このように，企業家機能は経営戦略を構築することの重要性が示された。

4.4 無形資産のオーケストレーション機能

Teece (2000) によれば，経営者の重要な機能とは，システム的イノベーションの遂行によって企業内外の特定の資産の再配置・オーケストレーションを行うことである。イノベーションを生み出すうえで，あるシステムを構成するサブシステムの諸要素間で共特化が深層にまで行き渡る場合，経営者によるコーディネーション機能が必要になる。伝統的な経営者機能では，環境変化に対するコーディネーション・適応が求められるが，それと対比させて，ダイナミック・ケイパビリティでは，無形資産の再配置をするオーケストレーション機能の重要性が強調されている。ここでは，ビジネス・モデルの計画と実行と，R&D，M&Aに関する投資機会の選択と実行の場面で，経営者には未利用の無形資産の再配置・オーケストレーションが求められる。ダイナミック・ケイパビリティではこのオーケストレーションの重要性を強調しているため，取引されない資産，ないし取引が薄い資産を戦略的提携によって価値創造することが重要である。それを Teece (1986) は共特化という概念で説明したのである。

4.5 組織変革のマネジメント機能

1980年代半ば以降の組織変革の研究では，漸進的変革とラディカルな変革 (Tushman and Romanelli, 1985)，漸進的変革と不連続変革 (Nadler and Tushman, 1995) など，類型化された研究や，現実の組織変革がどのようなプロセスでなされているのか (Weick, 1979) という進化モデルも見られた。一方，Wiggins and Ruefli (2003 ; 2005) は，「持続的な競争優位なるものが本当に存在するのか」という疑問を，大規模なデータと厳密な統計手法を用いて徹底的に検証した[92]。その結果，次の3点が明らかになった。第1は，アメ

---

[92] 1972年から1997年までの全米40産業にわたる6,772社の投資利益率などの時系列データを用いて，企業が10年以上続けて同じ業界のライバルよりも高い業績を残した場合を「持続的な競争優位」とみなした (Wiggins, R.R. and Ruefli, T.W. 2002. pp.81-105 ; 2003, pp.861-879 ; 2005, pp.887-911)。

リカでは「持続的な競争優位」を実現する企業はたしかに存在するが，その数はすべてのうち2～5%にすぎない。第2は，近年になればなるほど，企業が競争優位を実現できる期間は短くなっている。すなわち，持続的な競争優位を実現することは，ますます難しくなっている。第3は，他方で，いったん競争優位を失ってからその後ふたたび競争優位を獲得する企業の数が増加している。すなわち，現在の優れた企業とは長いあいだ安定して競争優位を保っているのではなく，一時的な優位（temporary advantage）をくさりのようにつないで，結果として長期的に高い業績を得ているように見えているという指摘である。したがって，組織変革の研究は数理化モデルだけではなく，組織間関係，組織メンバー間に着目した，計画的な組織変革と創発的な組織変革（Mintzberg, 1994）を考察する必要があるだろう。したがって，組織変革の対象期間は，少なくとも30年以上の期間を考察する必要があると考えられる。

　このように企業家機能の研究は，経済学から派生した古典的な研究としての内部組織のマネジメントから，経営戦略論で活発に議論が展開されてきた外部環境のマネジメントへ移行した。そして，ダイナミック・ケイパビリティ論では，企業境界を越えたR&D，外部技術の取り入れ，組織間の戦略的提携により共特化が強調されている。企業家機能を考察する領域として，人間的な道徳性や社会性の重要性を含めて，内部組織と外部環境の経営資源や組織能力を，組織間関係と組織メンバー間の相互作用によって調整する機能の重要性が確認できた。

　一方，企業家とマネジャーの機能の大きな違いは，組織ルーティンを安定させて均衡を維持することが，特にミドルマネジャーの役割であり，不均衡を均衡に戻すことや，あえて不均衡を創り出すのが企業家の機能であると考えることもできる。そのように考えると，不均衡を均衡に戻すことやあえて不均衡を創り出す組織変革の断行が企業家機能として極めて重要になる。

　これら，ダイナミック・ケイパビリティのフレームワークを基盤にし，組織変革を断行してきたダイキン工業の1970年以降の活動を考察する。

5. 事例研究：
ダイキン工業の組織学習と戦略的組織ルーティンの形成

　ダイキン工業は，1934年，合資会社大阪金属工業所として山田晃が創業した。現在では，空調機，化学品，フッ素化学を中核にした大手メーカーである。

　1951年に日本初の業務用エアコンを開発し，1958年にはルームエアコン市場への進出を図った。エアコンの拡販を中心に民需への転換とともに強制循環給油装置等の油圧製品，農機製品，建材製品，ヘリコプターなどの特機製品など多角化を推進した。1960年，初めて長期経営計画「2・3・5計画」を策定し，5年後に，社員数を2倍，資本金を3倍，売上高を5倍にするという計画であった。1963年，創業40周年を迎え，製品が広がったこともあり社名をダイキン工業と改称した。同年，フッ素樹脂技術が世界的水準であることから，米国チオコール社への製造技術供与，1968年，油圧機器については，米国サンドストランド社と油圧トランスミッションについての技術導入契約を結び，1960年代から海外活動を活発化させた。1970年，第2次長期経営計画を策定したが，その後1973年の第一次石油危機で計画は頓挫した。この年，淀川製作所と堺製作所において公害問題が起きたことに対し，全社的組織として公害対策委員会を設けて地域社会と共存共栄を模索した。組織形態として，1965年から化学事業と特機事業については事業部制を取り入れ，1973年には油圧事業部も設置し，化学，油機，特機，住宅空調，産業空調，冷凍空調の6事業部体制が確立された。この時期ヨーロッパへの本格的な工場進出を図ることになった。

　その後，環境変化に適応するためにどのようにしてダイナミック・ケイパビリティが形成されてきたのか，企業家機能に焦点を当て，企業境界を越えた戦略プロセスと組織プロセスを考察する。本章では，ダイキン工業の組織変革の時期を，山田稔社長（1972年から1994年）の22年間，そして，井上礼之社長（1994年から2002年，2002年以降会長兼CEOで2014年現在に至る）の

20年間を対象期間とする[93]。

5.1 山田稔社長の組織変革（1972年〜1994年）

　山田稔社長は，事業多角化を図るビジネス・モデルを志向し，同時に社員のロイヤリティとコミットメントを引き出す人事管理制度の充実を図った。1974年，環境変化に対するリスクに対して，人の効率化プロジェクト，1975年，緊急プロジェクト推進本部の設置を行った。このプロジェクトチームは分権化・準分解可能性とは異なり，意思決定の集権化を図るものであった。しかし同年，業績悪化に伴い管理職の賃金カットや工場の臨時休業と大量配置転換[94]を決断した。

　1980年代に入り，国際化を慎重にかつ重点国を定めて大胆に工場進出を図った[95]。化学部門の海外事業戦略として，1988年，ニューヨーク事務所を新設した。担当役員であった井上礼之専務は，1989年，化学部門の体質転換のため，K（化学）A（アメリカ）F（ファクトリー）プロジェクトを発足させ，販売面では，ダイキンケミカルアメリカ社（DCA）を設立した。1990年代に入ってこれまでの経験を活かし積極的なグローバル展開を集中させた。1990年，欧州生産拠点拡充のため，DEプロジェクトが新設され，プロジェクト活動で戦略を実行した。

　組織学習を促進させる経営管理制度の整備にも注力した。1978年，管理職，実力主義賃金体系，1981年，会社の発展に顕著な功績をあげたグループを表彰する社長賞を新設，1982年，メカトロニクスの知識を持った技術者を育てるダイキン電子大学（DEC）の設立，1984年，技術者の働きやすい環境をつ

---

[93] 参考文献は，『ダイキン工業70年史』，『ダイキン工業80年史』，『ダイキン工業ホームページ』，『ダイキン工業有価証券報告書』（1995年から2012年），『日本経済新聞』，『日経産業新聞』，『日経ものづくり』，『日経ビジネス』，井上礼之（2008）『「基軸は人」を貫いて』日本経済新聞社である。
[94] 『日本経済新聞』「ダイキン工業，産業空調部門で一時帰休を提案」1975年7月10日朝刊，p.8.
[95] カントリーリスクを勘案し，国と地域の重点国を，欧州，香港，シンガポール，インドネシア，豪州と定めた。商品面では，セパレート型ルームエアコンである。重点国以外では，アメリカ，マレーシア，フィリピン，クウェートからの撤退を決めた。一方，化学事業部の展開はアメリカ抜きには考えられないため，アメリカ現地生産の立ち上げと拡大が検討された（『ダイキン工業70年史，pp.245-250.）。

くるための柔軟な勤務体制であるSFO協定の締結などであった。さらに，1987年，トランジット休暇，シルバー休暇の2本立てのリフレッシュ休暇制度を発足させるなど，働きがいのある職場環境の創造を組織ルーティン化させている。1978年，QCサークル活動，PDS生産方式，そして1987年には，滋賀製作所でTPM活動など，生産部門の現場での組織ルーティン活動に注力してきたことも特徴的である。これらの組織ルーティン活動を促進させるため，1990年，戦略経営計画ビジョン95と経営理念を連動[96]させている。

山田稔社長は，組織メンバーのロイヤリティとコミットメントを高める施策を重要視し，事業多角化とグローバル戦略を積極的かつ計画的に実行してきた。1992年，他社に先駆けて地球環境室を新設し，1993年，地球環境保全に関する行動原則を制定した。また，予期しないリスクに備え，現場のコスト低減と品質向上の組織ルーティンを極める活動に注力し続けてきた。事業機会を探索するため，同年，周辺ビジネス拡大計画のため全社プロジェクトチームによる組織形態を構築し，社員の能力向上を図った。それを支える人事管理制度の充実が効果的に機能したものと考えられる。しかし，総売上の7割を占める空調機器が不振であり，バブル経済崩壊，円高，冷夏などの環境変化に適応できないことから，井上礼之社長が就任した1994年，上場して初めて赤字転落した。

5.2 井上礼之社長の組織変革（1994年～2002年）

赤字転落というこの難局に対して，従来の多角化した事業の撤退を，1995年，1997年，1998年，2000年に断行した。また，環境問題から特定フロンが1995年末で生産禁止となるため，1994年，フッ素樹脂の新製品などを拡充するとともに海外市場を積極的に開拓した。事業撤退という意思決定における組織内部での軋轢に対して，まず経営者層が納得するガバナンス体制も同時に整備してきた。経営諮問委員制度を導入し，経営諮問委員に日本アイ・ビー・エ

---

96 『日本経済新聞』「ダイキン工業-社長の理念を明文化，長計とセット，経営指針に（トップ群像）」1990年7月16日朝刊, p.11.

ムの椎名武雄会長ら5人を招いた[97]。1999年，情報関連や財務強化，グローバル展開などの課題について5人に随時個別に意見を求めるほか，全員が集まって経営陣と年2回程度議論した。そして，1999年，空調機事業で松下電器産業と包括提携，海外で製品相互供給と環境で共同研究会社を設立した。2000年，米モディーン社との合弁契約を解消し，ダイキンモディーン社を清算し，2001年，米国トレーン社と空調事業包括的グローバル戦略提携の締結を行った。

経営計画を戦略経営の実行面に集中させた1996年，FUSION21，2001年にはFUSION05を策定し，積極的にグローバルな戦略的提携とM&Aを推進した。海外展開のための会社設立は，1998年，オランダ，アメリカ，ドイツ，2000年，スペイン，2001年，フランス，2002年，イタリア，2003年，チェコ共和国と，この時期に集中させて展開している。ダイナミック・ケイパビリティの形成プロセスにおいて，グローバル経営に集中するため企業組織の境界を拡げている。また，経営実践にスピードの重要性を導入し，2000年，空調冷凍機の24時間365日サービス体制をスタート[98]させるなど，現場密着型の意思決定に向けた組織形態も構築してきた。現場密着型意思決定のためには，事業活動の基本である組織ルーティン活動への絶え間ない努力がその基盤に据えられている。そして，分権化・準分解可能性のあるフラットな組織形態を構築させる取り組みであった。組織変革の活動基盤に，2002年，世界の全グループ社員の行動規範であるグローバル経営理念を作成[99]し，人を基軸にした人事管理制度の連動を図ってきたことがあげられる。特に生産現場のルーティン活動[100]を重視し，2001年，卓越技能者の能力向上であるマイスター制度の導入，2002年，育児休暇・育児勤務制度の改訂などによる女性社員の活力支

---

97 『日経ビジネス』2000年8月28日, p.247.
98 『日本経済新聞』「ダイキン，空調修理24時間対応-出張点検サービスを拡充」2000年4月12日朝刊, p.17.
99 『日本経済新聞』「ダイキン工業，グローバル経営へ新理念」2002年8月27日朝刊, p.13.
100 トヨタ式にエアコンの生産特性を加えて1978年に確立したのが，「ハイサイクル生産」と呼ぶPDS（ダイキン生産方式）である。そのハイサイクル生産を支えるのが，情報システム「ALPHA」であり，1999年これらの導入で，1度に生産計画を立案する日数を15日から3日に短縮している（『日経ものづくり』2004年8月号, pp.100-103）。

5.3 井上礼之会長兼 CEO, 北井啓之社長兼 COO の組織変革（2002 年～2011 年）

2002 年，井上礼之会長兼 CEO，北井啓之社長兼 COO が就任している。その後，2006 年，マレーシアのエアコン大手，OYL インダストリーズを買収すると発表[101]し，グローバル経営を戦略的提携で加速させている。そして，2007 年，OYL グループの機構再編を行い，主要 4 事業を推進するマッケイ・インターナショナル，AAF インターナショナル，J&E HALL OYL マニュファクチャリングからなる組織体制を整備した。

ダイナミック・ケイパビリティの形成プロセスにおいて企業組織の境界の拡大を積極的に図っている。例えば，2009 年，公共電力インフラの整備の遅れで慢性的な電力不足に直面する現地工場に電力を安定供給するため，10 社と発電連携でインドに進出[102]した。また国内では，同年，パナソニックと持ち合い強化[103]した。1999 年より家庭用エアコンの部品調達などの業務提携に加え，資本面を含めた関係強化を進めている。さらに，2009 年，大阪府立大学と HV などのモーター，安価な磁石で代替[104]，2010 年，日本バルカー工業とフッ素樹脂事業で資本提携を発表[105]，京セラと環境配慮製品販売で連携[106]などの取り組みである。

社員との対話の場も重視し，相互の納得感を醸成する組織形態も，組織ルー

---

[101] 『日本経済新聞』「エアコン海外大手，ダイキン，2300 億円で買収－北米を強化，世界 2 位に」2006 年 5 月 18 日朝刊, p.1.
[102] 『日本経済新聞』「三井化学・ダイキンなど，インド進出 10 社発電連携，電力不足に対応」2009 年 8 月 6 日夕刊, p.1.
[103] 『日本経済新聞』「パナソニックとダイキン，「持ち合い」強化，相互に株式買い増し」2009 年 6 月 30 日朝刊, p.17.
[104] 『日経産業新聞』「大阪府立大とダイキン，HV などのモーター，希土類使わず高出力，安価な磁石で代替」2009 年 10 月 2 日朝刊, p.1.
[105] 『日経産業新聞』「ダイキン，日本バルカーと提携，中国で化学事業強化，フッ素樹脂，汎用品を開拓」2010 年 10 月 6 日朝刊, p.14.
[106] 『日本経済新聞』「ダイキンと京セラ，環境配慮製品販売で連携」2010 年 3 月 3 日朝刊, p.13.

ティン活動に組み込んでいる。2008年，世界一体化戦略[107]として取り組んだユニークな活動として海外工場での盆踊り大会などは，組織メンバーのロイヤリティとコミットメントを高めたものと考えられる。その理由として，2007年日本経済新聞社の「働きやすい会社」調査の総合ランキングで，ダイキン工業は2006年の110位から27位に順位を上げたことからもうかがえる[108]。同時に2007年，生産部門や技術部門での混合生産とセル生産を組み合わせた方式[109]を徹底させるなど，絶え間なく現場の組織ルーティン活動にも力を入れてきた。同年，社内技能大会[110]，2008年，技術競う五輪[111]などの活動を定着させたことも，現場密着の組織ルーティンの形成であった。

組織形態の構築では，大型案件の受注にも対応できる体制を整えた。例えば，2008年，地域7子会社を集約し新会社を設立[112]，2010年，大型空調関連を手掛けるグループ企業を統括し，企画，開発，生産，販売などを一括管理する体制を整えグループとして事業の一本化[113]，大学など外部の研究者も招き，技術と製品の開発を加速させ，空調や化学など異なる分野の技術融合につなげるため，研究開発の機能を統合[114]したことなどがあげられる。一方，地道な生産現場での組織ルーティン活動として，堺製作所金岡工場，空調・冷凍機工場の生き残りをかけて生産効率の改善[115]を開始し徹底させた。

---

107 『日経産業新聞』「ダイキンの「世界一戦略」，祭典，文化の壁破る-海外工場で盆踊り大会」2008年9月1日朝刊，p.22.
108 『日経産業新聞』総合上位躍進組に聞く⑩　27位，ダイキン十河氏（働きやすい会社2007)」2007年9月13日朝刊，p.23.
109 『日経産業新聞』「ダイキン工業-混合生産，人柔軟に動く（生産こう変える）」2007年9月21日朝刊，p.14.
110 『日経産業新聞』「職人技，腕競う，ダイキンが社内技能大会，冷媒配管接合など6種目」2007年10月25日朝刊，p.11.
111 『日経産業新聞』「ダイキンの「世界一戦略」，祭典，文化の壁破る-海外工場で盆踊り大会：技術競う「五輪」日本的家族主義，各国に芽」2008年9月1日朝刊，p.22.
112 『日経産業新聞』「ダイキン，地域7子会社を集約，新会社を設立-大型案件取り込む」2008年4月16日朝刊，p.31.
113 『日経産業新聞』「ダイキン，大型空調機拡販へ事業本部」2010年5月7日朝刊，p.19.
114 『日経産業新聞』「ダイキン，研究開発の機能統合，300億円投資，大阪・摂津に新拠点」2011年2月23日朝刊，p.13.
115 『日経産業新聞』「ダイキン工業，堺製作所金岡工場-現場発，改善積み重ね（競創力を磨く）」2010年7月13日朝刊，p.13.

さらにそれらの能力を高めるための人事管理面と，新興国で即戦力を育成するため，2011年，海外実務研修の実施[116]など，人材育成制度も整備してきた。経営管理制度のなかで，人材育成制度の整備は，組織形態と密接につながり，分権化・準分解可能性の組織を機能させるものであった。また，企業イメージアップ戦略にも注力しており，2010年，環境NGOと組み，生物多様性をテーマにした小学5，6年生向けの環境教育プログラムを作成[117]した。

5.4 井上礼之会長兼CEO，十河政則社長の組織変革（2011年～2014年）

積極的なグローバル経営の展開では，2011年，トルコの空調機メーカーを買収，ブラジルでエアコン製造，中国に空調機器生産拠点を設立，2012年，インドネシアに会社設立，建機車輛用油圧機器の開発・生産・販売までを一貫して担う会社を設立，中南米開拓，米社を買収，グッドマン・グローバル買収，油圧式変速機を米社と中国で共同生産，2013年，インドネシアのエアコン販売会社買収などがあげられる。

戦略的提携では，他企業や大学，産学協働など，企業組織の境界を拡大し，外部技術を積極的に取り入れる提携活動を積極的に展開してきた。2012年，関西大学と連携協定，フッ素研究や教育など促進[118]，新規事業の創出に向け研究開発を効率化するねらいで，異業種の7～8社に無償で提供し，研究者同士が日常的に交流できるようにした。2013年，研究拠点，提携企業に無償提供し専用スペース設置による開発効率化であった[119]。京都大学と提携，研究開発，分野絞らず心理学や経済学を事業創出に活用し，新事業の種（シーズ）

---

116 『日本経済新聞』「ダイキン，海外実務研修を復活，3年ぶり，新興国で即戦力育成」2011年9月5日朝刊，p.13.
117 『日経産業新聞』「生物の多様性，小学校で授業，ダイキン，教材提供」2010年4月20日朝刊，p.2.
118 『日経産業新聞』「関大とダイキン連携協定，フッ素研究や教育など促進」2012年11月29日朝刊，p.11.
119 『日本経済新聞』「ダイキン新設の研究拠点，提携企業に無償提供，専用スペース設置，開発効率化」2013年2月5日朝刊，p.13.

を探す産学連携でも文系学部のノウハウを提供する試み[120]である。2014年，理系人材，産学で育成するため，一般社団法人産学協働イノベーション人材育成コンソーシアムに参加[121]した。これらの提携によりフラクタルな組織形態の構築に取り組んでいる。これらの組織形態は，共特化した製品・サービスの開発を志向するためのものである。

経営管理制度においても，2013年，保育所探し支援，社員の職場復帰のための新制度を構築した。運営は保育サービス会社に委託[122]するなど，時代に適応した女性活用のための人事制度改革を進めている[123]。この時期における企業家機能で重要な要素とは，ステークホルダーを巻き込んだ事業経営，外部技術や補完者との企業組織の境界を越えた戦略的提携，グローバル経営理念の機能化，積極的なグローバル戦略と迅速な修正，経営資源を再配置するための組織形態の改善，現場組織メンバーが働き甲斐のある経営管理制度の拡充による組織づくりであった。

6. 事例分析の結果

ダイキン工業の事例から，ダイナミック・ケイパビリティの形成における企業家機能は次の3点に整理できる。

第1は，グローバル経営を展開するなかで，市場や技術的適合を図るセンシングは，R&Dと新技術の選択プロセスで，企業組織の境界も拡大した補完者との協働マネジメントの重要性が確認できた。その活動プロセスでは，企業が補完者と相互依存的なプラットフォームを形成することから構成され，ここで

---

120 『日経産業新聞』「ダイキン，京大と提携，研究開発，分野絞らず，心理学や経済学，事業創出に活用」2013年4月24日朝刊, p.13.
121 『日本経済新聞』「理系人材，産学で育成，12大学，企業に2000人派遣，技術革新力底上げ」2014年1月22日朝刊, p.1.
122 『日経産業新聞』「ダイキン，保育所探し支援，社員の職場復帰にらみ新制度」2013年12月12日朝刊, p.19.
123 『日本経済新聞』「育休短縮で補助を増額，ダイキン，保育費，上限60万円」2014年4月10日夕刊, p.1.

は，生産現場に象徴されるように組織ルーティンの安定と変化を繰り返す活動が基盤になっていた。その結果，持続的競争優位の共特化が図られるものと考えられた。

第2は，共特化により進化的適合が可能となり，企業の持続性が高まるものとなった。共特化が実現するためには，分権化・準分解可能性のある組織プロセスと組織形態が機能しなければ，現場密着型で適切な意思決定が困難であった。さらに組織ルーティンの安定と変化による技術的適合にも支障が生じ，その結果，組織間関係と組織メンバー間での知識創造と組織学習が困難なものとなっていた。ここでは，企業家機能としての人と人とを結びつける組織形態の構築とその変化をマネジメントする機能が確認できた。

第3は，様々なプロジェクト活動だけでなく，世界一体化戦略などのインフォーマルでフラクタルな組織形態による活動の重要性が確認できた。この組織学習が生み出される組織の一体感は，経営理念の明文化がその役割を果たした。組織メンバーのロイヤリティとコミットメントを高めるために，人事管理制度の改善が時代の要請に適合し有効に機能していた。

これら経営理念と人事管理制度を結びつけた組織ルーティン活動は，ダイキン工業のダイナミック・ケイパビリティ形成の基盤となっていた。戦略経営であるFUSIONの実現に向けて，現場の組織メンバーが創発的な活動を推進する必要がある。そのため，環境に可変的な組織形態へと常に修正を迫られ，クロスファンクショナルでフラクタルな組織形態へと変化させてきた。その結果，企業組織の境界を越えた戦略的提携においても創発活動を生み出す組織文化が醸成されたものと考えられる。

7. おわりに

企業組織の境界を越えた戦略と組織の共進化には，2つの重要な企業家機能が必要であった。一つは，人と人をつなげて目標達成するため，理念・戦略・組織・制度を連動させる機能であり，もう一つは，創発的活動を生み出すプロセスで，構築した組織形態を修正するとともに，常に環境適応するために変化

させる機能である。

　最後に，本研究で残された課題は次の3点である。

　第1は，意思決定プロトコルの選択において，ダイナミック・ケイパビリティの理論では重要視されてこなかった事業撤退の戦略的意思決定の意義を明らかにすることである。組織メンバーにおける軋轢に対して，創発的な組織メンバーの学習活動をどのようにマネジメントするのか，企業家機能としてコンフリクトに対していかに主体的に関わるかの研究である。この分野の研究は，適切なガバナンス構造とインセンティブ構造のデザインの解明ができれば，経営実務の世界で適用できるモデルを提示できる可能性がある。内部組織の慣性と外部環境の変化を調整することは容易ではないため，組織変革を断行する場面において，様々な人々の利害関係を調整するプロセスの質的調査が必要になる。

　第2は，グローバル経営において，様々な組織間との協働によるマネジメント方法を明確に体系化することである。戦略的提携，M&A，異文化経営のマネジメント実践に関する研究である。この課題解決に向けて，グローバル経営理念の機能化に着目し，その実行プロセスとして事例企業を特定した組織形態の考察による実証的解明が必要になる。

　第3は，組織変革を断行するための組織形態の構築の背景に，経営者がどのような経営哲学や経営理念で構築し変化させるかに関する研究である。外部技術を活用するために企業組織の境界を越えた提携や連携が重要である。しかし，企業家機能としてこれらのコンフリクトや外部環境に適応するため，提携や連携により生じる脅威をいかに変形させてマネジメントするかに関する研究である。

第Ⅲ部
戦略的組織ルーティンからダイナミック・ケイパビリティへ

第8章

キヤノン・花王・東レ・ダイキン工業の組織変革
―計画的変革と創発的変革―

〈要 旨〉

　組織変革メカニズムの解明のため，組織変革の理論モデルの先行研究に依拠し，組織の効率的・合理的・計画的な側面と，創造的・非合理的・創発的な側面の二面性を包摂した組織変革の分析フレームワークを提示した。さらに，Teece (2007) が提唱したダイナミック・ケイパビリティの枠組みを参考に，組織変革のメカニズムをミクロ組織論の視点から考察した。

　これらの分析フレームワークから，次の2つのインプリケーションが導き出された。第1に，環境変化に適応し自己組織化するプロセスでは，組織能力と組織文化との関係の中で組織変革を時間展開によって考察する必要性があった。第2に，資源活用し知識創造するプロセスでは，組織学習と組織間関係の相互作用を通して組織変革を時間展開によって考察する重要性が導き出された。

　本章では，これら組織変革メカニズム解目に向けたフレームワークをもとに，キヤノン・花王・東レ・ダイキン工業の組織変革を分析した。尚，期間は，主に第Ⅱ部の事例研究で十分検討ができなかった，主に2000年以降について比較研究した。そのうえで，組織変革には計画的変革と創発的変革の二面性からなる要因が明らかになった。

1. はじめに

　ここでは，次の2つの視点で見ていくことにする。第1は外部環境への適応

を目指した組織変革の視点であり，第2は組織内部の資源や能力にかかわる組織変革の視点である。

　第1の外部環境に適応を目指した組織変革の視点から，自社の既存コア技術を修正・拡大・進化させるため，戦略的な業務提携やM&Aがあげられる。グローバル市場開拓を指向する企業は，常に国内外を問わずM&A先を探索する。資金力がなければM&Aは困難であるが，将来へのさらなる成長と発展のため，外部企業との戦略的な業務提携とM&Aは生き残りをかけた意思決定である。これらの戦略的意思決定は，財務的に投資可能でなければできないことであるが，全社的にも業界においても大きな波及効果をもたらす。とくに，グローバル戦略におけるM&Aに至る意思決定は大規模な組織変革になる。

　外部環境の変化に適応しようとする組織変革は，企業が持続的に成長するためのグローバル戦略以外に，地球環境に負荷軽減する環境経営と企業の社会的責任が要求される戦略的CSRがある。この戦略課題は，ステークホルダー・マネジメントとダイバーシティ・マネジメントによって解決の糸口をつかむことができるだろう。つまり，グローバル戦略によって競争優位の拡大と維持を図り，内部組織が保有する資源や能力の拡大と修正を図るのである。さらに，戦略的な業務提携とM&Aによる組織間関係の変革が重要な課題となってくる。そこでは，組織メンバーのコミットメントや，組織メンバー間でのコンフリクトを克服する新たなマネジメントシステムが重要になるだろう。その一つの方向性として多様な価値観や能力をもった人々の活動を結集させる，理念経営の組織体制づくりが極めて重要になってくる。

　第2の組織内部の資源や能力にかかわる組織変革の視点から，新事業開発と事業撤退があげられる。企業が成長するプロセスでは，市場が拡大する事業を見定め多角化することで経営組織を拡充させてきた。事業部制組織，分社化，カンパニー制などにより，組織は戦略に従って組織変革を進展させてきた歴史がある。市場開発戦略を中核とする既存事業の拡大と，製品開発戦略を中核とする新規事業が契機となって，経営組織が拡充されてきた。これらは，環境適応的な視点ではなく自己組織化の視点からの組織変革といえるだろう。

　これらの枠組みをもとに，キヤノン・花王・東レ・ダイキン工業の，主に

2000年以降の組織変革について比較研究する。ここにおいても分析単位として，戦略的組織ルーティンに着目し，それらがダイナミック・ケイパビリティとして持続的優位の要因となるプロセスを時系列で考察する。

　尚，本章における調査とはエビデンスベースとするため，各企業がステークホルダーに向けて公表した資料，例えば，有価証券報告書，アニュアルレポート，事業報告書，CSR報告書やサスティナビリティレポート，コーポレート・ガバナンスに関する報告書などである。また，この他に，史実として日本経済新聞の2000年以降2015年7月現在にいたる出来事を中心とした記事などである。

2. 企業家と経営哲学の実践

2.1　キヤノンの「企業理念：共生」と「グローバル優良企業構想」

　キヤノンの近年の歴代経営者交代について見ておきたい。賀来龍三郎社長就任（1977年～1989年），山路敬三社長就任（1989年～1993年），御手洗肇社長就任（1993年～1995年），御手洗冨士夫社長就任（1995年～2006年），内田恒二社長（2006年～2012年），御手洗冨士夫会長兼CEO就任（2012年～現在）である。

　賀来龍三郎社長は，1987年の創立50周年に向けて，第二の創業ビジョンを策定し，CIF（Canon Into the Future）活動を展開してきた。「三自の精神」という経営哲学を基軸にした「共生の理念」を具現化した。「共生」とは，文化，習慣，言語，民族などの違いを問わずに，すべての人類が末永く共に生き，共に働いて，幸せに暮らしていける社会をめざすものである。「共生の理念」によって，世界中のステークホルダーとともに歩んでいく姿勢を明確にした。個人の働きがい，仕事の意味，役割の再認識を基盤に据えた組織変革を，1988年，グローバル企業構想（5カ年）と連動させて展開した。その後，1992年，キヤノン行動規範を定めた。

　1995年，御手洗冨士夫社長は，グローバル優良企業グローバル構想を打ち

出した。新たなスローガンである,「部分最適より全体最適」,「利益重視のキャッシュフロー経営」を表明した。1996年,グローバル優良企業グループ構想の発表と合わせて,事業内容の選択と集中を行い赤字事業の見直しと撤退の意思決定を行った。スローガンを実現するため,1998年,組織横断的な経営革新委員会を設置した。

2001年,グローバル優良企業グループ構想第Ⅱフェーズをスタートさせて,からは経営戦略委員会に移行して経営者間で意思決定の指針の共有を図った。これら委員会による組織形態は,経営者間で組織変革の常軌化を目的としたものである。その後,2006年,グローバル優良企業グループ構想第Ⅲフェーズスタート,2011年,グローバル優良企業グループ構想第Ⅳフェーズへと継続して実践されてきた。キヤノンは,「共生の理念」のもと,「グローバル優良企業構想」と連動させて,社会のサステナビリティを追求している。

このように,戦略と組織を共進化させる組織変革を行ってきた。キヤノンでは,経営哲学を企業理念としてグループで再解釈し,中核技術を成長事業に適応する活動に注力してきた。そこでは,歴代の経営者の根源にある「三自の精神」を「共生の理念」として具現化するため,組織形態と組織制度の組織変革の構築と再構築を持続的に組織ルーティンとして実行している。

2.2 花王の「花王ウェイ」と「花王グループ中期3カ年計画K15」

花王の近年の歴代経営者交代について見ておきたい。丸田芳郎社長就任(1971年～1990年),常盤文克社長就任(1990年～1997年),後藤卓也社長就任(1997年～2004年),尾﨑元規社長就任(2004～2012年),澤田道隆社長就任(2012年～現在)である。

丸田芳郎社長は,自身で明確な花王の経営理念を構想し,1985年花王石鹸から花王への社名変更とともに,1986年から全社活動としてTCR運動を展開してきた。同時に化粧品事業へ参入し事業部体制を確立し組織形態の再編を行った。経営理念の解釈を,TCR運動によって共有化することで戦略と共進化させてきた。花王の経営理念は1975年に策定された。経営理念の具現化については,常盤文克社長(1990年～1997年)の時代に,社内でチームを作り,

花王の理念とは何かを議論し始めた活動が発端となっている。1989年, グローバル事業展開の基本理念を策定し, 1990年,「花王のマネジメントブック」の作成を行った。そして, 1995年,「花王の基本理念」に沿って人事制度改革をスタートさせた。1999年,「花王ビジネスコンダクトライン」を一部改定し「花王ウェイ」として, その後の経営者に受け継がれてきた。「使命」「ビジョン」「基本となる価値観」「行動原則」で構成されている。

後藤卓也社長（在任期間1997〜2004年）の時代, 2002年の春に当時の経営陣の発案により, 丸田芳郎元社長の事績を残す主旨で経営史の編纂が始まった。そして,「花王ウェイ」の「よきモノづくり」「絶えざる革新」「正道を歩む」といった価値観につながる精神 をまとめ, 2003年, 花王の経営史『絶えざる革新明日に受け継ぐ花王の精神』が発行された。また2004年,「花王の基本理念」を再構成した, 花王グループの企業理念「花王ウェイ」を策定した。2006年には,「仕事の標準化」,「仕事の連携」「花王ウェイの共有」の3つの柱を行動指針とした。2009年,「環境宣言」と「新CI（コーポレート・アイデンティティ）」を発表した。2013年,「花王グループ中期3カ年計画 K15」(Kao Group Mid-term Plan 2015) を策定・明示し実践している。

この理念を基軸に, 2000年以降, 経営者の意思決定における事業展開の特徴は, M&Aによる本格的なグローバル戦略を加速させている。

2.3 東レの「経営理念：企業理念・経営基本方針・企業行動指針」と「長期経営ビジョン」

東レの近年の歴代経営者交代について見ておきたい。前田勝之助社長就任 (1987年〜1997年), 平井克彦社長就任（1997年〜2002年), 前田勝之助会長CEO就任（2002年〜2004年), 榊原定征社長兼COO就任（2002年〜2004年), 榊原定征社長兼CEO就任（2004年〜2010年), 榊原定征会長兼CEO就任（2010年〜2011年), 日覺昭廣社長兼COO就任（2010年〜：2011年よりCEO兼COO〜現在）である。

前田勝之助社長（1987年から1997年, 会長として1997年から2002年, CEOとして2002年から2004年）が組織変革を断行してきた。既存事業と繊

維事業である「祖業」を重視する方針を明確に打ち出し，全社一丸となった意識改革の徹底を行ってきた。一方で経営管理制度の改革を同時に行った。

1986年，経営理念は，創立60年目とCI運動の波によって制定された。その後，1995年，新「経営理念」が制定され英文も作成された。この新「経営理念」は，東レが様々な企業活動を行っていく上で，会社および役員・社員が遵守すべきものとして定めたものである。1991年，長期経営ビジョン「AP-G2000」をアクションプログラム（AP）」策定し，経営戦略と経営理念を連動させた活動に重点を置いた。

2002年4月に，それまでの長期経営ビジョンAP-G2000（1991年制定，1997年改訂）の基本路線を検証し，環境変化や経営改革における新たな展望を踏まえて，「21世紀の新しい東レ」への転換のための指針として，長期経営ビジョン "AP-New TORAY21" を策定している。その後現在に至るまで，2003年から開始している中期経営課題 "プロジェクトNT21" およびそれに続く2004年の "プロジェクトNT-II"（"NT改革"）による経営改革を図ってきた。2004年，長期経営ビジョン「AP-Innovation TORAY 21」，2006年，長期経営ビジョン "AP-Innovation TORAY 21", "Innovation by Chemistry" をコーポレート・スローガンに掲げ，その実現に向けた活動を展開してきた。そして，2011年，長期経営ビジョン "AP-Growth TORAY 2020"（2011年〜2020年）を展開中である。

東レおよび東レグループの長期展望を示すキーワードとして「Growth（成長），Group Management（連邦経営），Globalization（国際化）」があげられ，再成長を遂げてきた。

2.4　ダイキン工業の「グループ経営理念」と「戦略経営計画 FUSION 15」

ダイキン工業の近年の歴代経営者交代について見ておきたい。山田稔会長就任（1997年〜1994年），井上礼之社長就任（1994年〜2004年），岡野幸義副社長兼COO就任（2004年〜），井上礼之会長兼CEO就任（2002年〜2014年），北井啓之社長兼COO就任（2002年〜2004年），十河政則社長就任（2011年〜：

2014年より社長兼CEO～現在)である。

　1990年，社長の理念を明文化した「経営理念」を配布，長期経営計画とセットで経営指針とした。同年，戦略経営計画「ビジョン95」をスタートさせた。

　1994年上場して初めて赤字転落というこの難局に対して，井上礼之社長は，従来の多角化した事業の撤退を，1995年，1997年，1998年，2000年に断行した。そして，経営計画を戦略経営の実行面に集中させた1996年，「FUSION 21」，2001年には「FUSION 05」を策定し，積極的にグローバルな戦略的提携とM&Aを推進した。

　組織変革の活動基盤に，2002年，世界の全グループ社員の行動規範である「グループ経営理念」を作成し，人を基軸にした人事管理制度の連動を図ってきたことがあげられる。2006年，真のグローバル・エクセレントを実現する企業価値の最大化をめざす「FUSION 10」を策定した。

　「最高の信用」「進取の経営」「明朗な人の和」という社是のもとで，この経営理念に基づきグループ全員が共有すべき求心力を図るためにグループ経営理念として策定された。そして，自由闊達な発想と提案，それに基づく縦横無尽な活躍がより可能となることを目指し，ダイキングループの良き伝統ともいえる「フラット＆スピードの経営」がいっそう高度化し，われわれがめざす「世界的企業」，「真の一流企業」の実現に大きく近づくことを目的に策定された。

　2011年，井上礼之会長兼CEO，十河政則社長の組織変革では，積極的なグローバル経営の展開，他企業や大学，産学協働など，企業組織の境界を拡大し，外部技術を積極的に取り入れる戦略的提携活動を積極的に展開してきた。経営管理制度においても，時代に適応した女性活用のための人事制度改革を行ってきた。2013年，「FUSION 15」を策定し展開中である。経営資源を再配置するための組織形態の改善，現場組織メンバーが働き甲斐のある経営管理制度の拡充による組織づくりに注力してきた。

3. 組織ルーティンの安定

3.1 意思決定の基準明確化

3.1.1 コーポレート・ガバナンス―計画的変革―
3.1.1.1 キヤノンのコーポレート・ガバナンス

キヤノンでは企業の永続的な発展のためには，役員，執行役員及び従業員一人ひとりの倫理観と使命感が重要であると認識している。2002年，社外取締役は起用せず取締役の大幅増を行った。2005年，意思決定の迅速化を徹底し会議時間も短縮する体制を整えた。2002年，独社を特許侵害で提訴するなど，特許戦略を強化した。

2015年，社外取締役2名を含む取締役17名，社外監査役3名を含む監査役5名を選任している。そして，代表取締役，業務執行取締役及び一部の執行役員で構成する経営戦略会議を置いている。また，リスクマネジメント委員会，開示情報委員会を設置し，グローバル多角化による新たな事業の獲得と世界三極体制の確立を目指している。

3.1.1.2 花王のコーポレート・ガバナンス

花王は，企業価値の継続的な増大を目指し，迅速で効率が良く健全かつ公正で透明性が高い経営を実現できるよう，経営体制及び内部統制システムを整備・運用している。

2006年「内部統制体制の整備に関する方針」を策定した。「内部統制委員会」の傘下に6つの委員会情報開示委員会，コンプライアンス委員会，情報セキュリティ委員会，リスクマネジメント委員会，レスポンシブル・ケア推進委員会，品質保証委員会）を置き，内部統制の推進と必要に応じた改善を行っている。「内部統制報告制度（J-SOX）」に対応するため，「J-SOX事務局」を設置した。

2010年，子会社の株式会社カネボウ化粧品およびそのグループ各社の経営

第8章　キヤノン・花王・東レ・ダイキン工業の組織変革─計画的変革と創発的変革─　　147

に対するガバナンス体制の充実を図るため，株式会社カネボウ化粧品の取締役会に取締役会議長を新設した。2015年，社外取締役3名を含む取締役6名，社外監査役3名を含む監査役5名の体制を継続し，執行役員体制は，専任の役付執行役員4名を含む執行役員26名である。また，取締役・執行役員報酬諮問委員会および取締役・執行役員選任審査委員会（2015年5月に「取締役選任審査委員会」に改組）を設置している。

3.1.1.3　東レのコーポレート・ガバナンス

　東レは，「新しい価値の創造を通じて社会に貢献する」ことを企業理念として掲げ，これに基づき経営基本方針を以下のとおり定めている。2015年，「経営基本方針」に，株主のために「誠実で信頼に応える経営を」行うことを明記した。さらに，「企業行動指針」に「高い倫理観と強い責任感をもって公正に行動し経営の透明性を維持して社会の信頼と期待に応える」と提示している。

　意思決定の規程として「トップ・マネジメント決定権限」を定め，取締役会は取締役25名で構成されている。取締役会から完全に独立した監査役会を設置し，監査役4名のうち2名は社外監査役である。

　全社委員会のひとつとして「倫理委員会」，その下部機構として「全社法令遵守委員会」，そして各本部・部門，各事業場・工場毎の「CSR・法令遵守委員会」を設置している。「企業倫理・法令遵守行動規範」を制定，「企業倫理・法令遵守ガイドライン」を制定している。

　「企業倫理・法令遵守行動規範」「企業倫理・法令遵守ガイドライン」および内部通報体制を，「企業倫理・法令遵守ハンドブック」として冊子にまとめ，当社取締役および使用人に周知徹底を図っている。また，「CSR委員会」の下部組織として「リスクマネジメント部会」を組織している。

3.1.1.4　ダイキン工業のコーポレート・ガバナンス

　ダイキン工業は，半歩，一歩先行く意思決定と実行のスピードアップ，透明性・健全性の絶えざる高度化との両面を推進することで，企業価値の向上をめざすことと捉えている。

　1999年，経営諮問委員制度を導入した。2000年，執行役員制度を切り捨て，

独自の「専任役員制度」を設けた。2002年，第1回グループ経営会議を開催，「最高経営会議」を新設し，2004年，執行役員制を導入した。

内部統制では，2005年より，「財務報告に係る内部統制システムの整備・構築」に着手した。子会社における重要な意思決定と実行は，2008年に改定し，より詳細化した「関係会社管理規程」，「グローバル経理規程」を策定した。

2015年，社外取締役は2名を含む12名，と社外監査役は2名を含む4名任命している。取締役会のもとにCSR委員会，企業倫理・リスクマネジメント委員会，情報開示委員会を設置している。「最高経営会議」，「グループ経営会議」，「グループ監査会議」を行っている。また，「グローバルグループ代表執行役員」の設置や，社外取締役を委員長とする「人事・報酬諮問委員会」を開催している。

3.1.2 イノベーションによる多角化—創発的変革—
3.1.2.1 キヤノンのイノベーションによる多角化

1988年，「右手にハード，左手にソフト」というスローガンを掲げ多角化を実行してきた。1989年，情報機器部門，1996年，システムインテグレーション（SI）事業に本格進出した。2004年，医療システム，2005年，薄型ディスプレイ事業を拡大，2006年，遺伝子診断事業に参入した。2011年，新市場開拓へ世界展開のため，クラウド活用，文書管理，保存から印刷できるシステムの開発を行った。2012年，3次元CADで研究開発も効率化し，2013年，遺伝子診断装置を米国で生産し2015年には量産を開始している。とりわけ，2012年以降，M&Aによる積極的な多角化を推進してきた。

2014年，乳がん検査用マンモグラフィーや遺伝子診断装置の投入，複合現実感（MR）技術を使った製品や，スマートフォンなど中小型パネルの製造に使う液晶露光装置などの新規事業を拡大した。2015年，BtoBと新規事業，現行事業の強化，現行事業の横展開，新規事業（産業機器・安心安全・医療機器）の育成を図っている。

そして，成長路線へ再挑戦，広義のカメラ事業で成長を牽引する戦略であり，カメラ技術の横展開として，ネットワークカメラ事業の強化を図る戦略である。全主力事業の圧倒的世界No.1の実現を目指し関連・周辺事業を拡大し

ている。

3.1.2.2 花王のイノベーションによる多角化

1986年，化粧品事業を開始した。その後，2004年，化粧品の通信販売事業に参入した。2006年，株式会社カネボウ化粧品が花王グループに入ることになった。また，医薬品事業への参入のため，2000年，大衆薬に参入しノバルティスと合弁設立した。

画期的な新商品開発として，1999年，体に脂肪がつきにくい食用油「エコナクッキングオイル」を発売し，食用油で初めての特定保健用食品となった。しかし，2009年10月特定保健用食品の失効届を提出した。また，2001年，高速溶解性で高い洗浄力を発揮する「アタックマイクロ粒子」を発売した。2003年，健康関連商品に的を絞った研究施設を東京都内に建設した。高濃度茶カテキンが，エネルギーとして脂肪を消費しやすくする，特定保健用食品「ヘルシア緑茶」を発売した。その他の商品として，2009年，衣料用超コンパクト液体洗剤「アタック Neo」を発売，2011年，新しい洗浄技術 SPT（肌清浄化技術）を採用した「ビオレ スキンケア洗顔料」を発売した。2013年，高濃度のコーヒークロロゲン酸を含み，脂肪を消費しやすくする効果が認められた特定保健用食品「ヘルシアコーヒー」を発売した。

3.1.2.3 東レのイノベーションによる多角化

1989年，新たな3カ年計画を打ち出し合理化を続ける一方で不織布事業への本格参入と，収益基盤強化には繊維事業の国際的な連携，多角化部門を拡充した。1997年，海水淡水化プラントの設計や建設などのエンジニアリング事業に本格進出した。2002年，ストレッチ性に優れた3GT繊維事業の本格的展開を開始した。

2004年，「プロジェクトNT21」で，「情報通信」「ライフサイエンス」「環境・安全・アメニティー」の3分野の拡大を目指すことになった。

画期的な新製品開発として，2006年，世界初，実用化レベルの耐久性を有する燃料電池用炭化水素系電解質膜を開発，ナノテクノロジーで高機能半導体実装用接着シートを開発した。2008年，世界最高レベルの導電性能を有する

新規ポリエステル導電繊維の創出を成功させた。ライフサイエンス分野では，2007年，「肺動脈性肺高血圧症」治療薬"ケアロード"を販売開始した。自動車・航空機関連分野では，2008年，東レ名古屋事業場に「オートモーティブセンター」を開所した。2009年，名古屋事業場に「アドバンスドコンポジットセンター」を新設し，「オートモーティブセンター」と併せ，自動車・航空機分野向けの総合技術開発拠点「A&Aセンター」を新設した。

グローバル市場におけるイノベーションでは，2009年，石川工場で炭素繊維プリプレグ新工場操業開始，2010年，中国で紙おむつなどの高機能不織布の製造設備を追加増強，液晶画面の反射フィルムを韓国で生産，造水ビジネスを海外展開加速させた。2011年，中国輸出に向けた炭素繊維の車部品需要拡大のため韓国に工場を設立した。同時に，韓国で炭素繊維の開発も行った。2011年，炭素繊維を車体に本格採用した電気自動車（EV）を試作した。

2011年，"Innovation（革新と創造）"の実践で，基幹事業（繊維，プラスチック・ケミカル）成長地域・分野を中心に積極的な事業拡大・収益拡大を図り，グループの着実な事業拡大を支えている。また，戦略的拡大事業（情報通信材料・機器，炭素繊維複合材料）情報通信，自動車・航空機，新エネルギーなどの成長分野への対応強化源を重点的に投入した。2011年，世界初「完全バイオマス原料由来ポリエチレンテレフタレート（PET）繊維」の試作に成功した。

3.1.2.4 ダイキン工業のイノベーションによる多角化

コア事業を中心に事業を拡大してきた。2008年，遠隔監視システム『エアネットⅡサービスシステム』の提供を開始，2012年，世界初 オールアルミ製「マイクロチャネル熱交換器」搭載 『ZEAS』シリーズを発売した。また，デザイン心理学を開発に応用した家電製品らくらくエアコン『ラクエア』を発売した。

2013年，新成長戦略4テーマをあげた。(1)新興国・ボリュームゾーンへの本格参入(2)顧客ニーズに応えるソリューション事業の展開(3)環境イノベーション事業の拡大(4)提携・連携，M&Aによる成長の加速であった。

2015年，米国・中国・アジアを中心に海外空調事業を拡大した。中東，中

南米など空調需要拡大が見込める新たな市場への本格参入，中国・アジア事業の拡大，サービスや保守メンテナンス事業強化によるソリューション事業の展開，省エネ性能や空気環境改善を追求した環境商品の拡充などの新たな成長戦略の推進を実行してきた。それに加え，全社横断的な変動費・固定費の削減による収益力強化で，より効率的な SCM の構築など，経営基盤の高度化を図るテーマにも挑戦している。コア戦略として掲げている新興国・ボリュームゾーン事業，ソリューション事業，環境イノベーション事業などの成長戦略を完遂させることが目標にあげられている。

3.2 組織形態の変化

3.2.1 提携戦略と M&A―計画的変革―
3.2.1.1 キヤノンの提携戦略と M&A

2000 年，研究開発 M&A など 3 年で 1 兆円投資した。2002 年，環境対策を巡るリコーとの提携を行った。2004 年，米国・ヒューレット・パッカードとセイコーエプソンの 3 社はカメラ付き携帯電話と家庭用プリンターを接続する規格作りの企業連合を設立した。

2005 年，マイクロソフト社と映像処理技術分野において提携に合意，東京工業大学と産学連携協定を締結，米国・マイクロソフト社と映像処理技術分野においての提携に合意した。2006 年，京都大学と「高次生体イメージング先端テクノハブ」プロジェクトで協同研究開発を開始した。2007 年，国立がんセンター研究所，東京大学の研究チームは胃がんの再発可能性を正確に予測できる検査チップを開発した。2009 年，米国・ヒューレット・パッカードとソリューション分野で業務提携し，2010 年，医療分野 M&A を加速させた。

2010年，OPTOPOL Technology S.A.（現Canon Ophthalmic Technologies Sp. z o.o.）の株式を取得した。オランダ・オセを連結子会社化，ポーランド・オプトポル・テクノロジーを連結子会社化，富士通とマネージドサービス分野における協業に合意した。

医療機器事業への本格的参入のため，2010 年，京大に 5 億円寄付，先端医療機器の共同開発を加速させた。2011 年，医療用 IT ソリューションベンダー

のフランス・メディアンテクノロジーズ社と提携した。同年，得意技術である画像技術を応用し医療機器開発のためのCK（Canon Kyoto Univ.）プロジェクトを展開した。さらに，2012年，M&A（合併・買収）による多角化を積極的に展開した。同年，マサチューセッツ総合病院およびブリガム・アンド・ウィメンズ病院との共同研究に合意した。また，医療に画像技術を応用し，得意技を生かし，第3の柱に据えた。京都大学医学部付属病院と「CKプロジェクト」を共同で展開した。

2014年，Molecular Imprints, Inc.（現 Canon Nanotechnologies, Inc.）の株式を取得，Canon Europe N.V. が Milestone Group A/S の株式を取得した。2015年，ネットワークカメラ事業の強化，アクシス社および公開買付けを行った。

3.2.1.2 花王の提携戦略とM&A

2000年，今までは自前主義できたが，M&A（合併・買収）を積極的にやると宣言した。同年，本格的な異業種共同マーケティングとして，トヨタ，松下，花王，アサヒビール，近畿日本ツーリストと業界トップクラスの企業5社が集まって立ち上げた「WiLL」プロジェクトを展開した。

2002年，ドイツの Goldwell GmbH（現 Kao Germany GmbH）を通じて，KMSリサーチ社（KMS Research, Inc.他）を買収，アメリカの The Andrew Jergens Company（現 KaoUSA Inc）を通じて，ジョン・フリーダ社（Jhon Frieda Professional Hair Care, Inc 他）を買収した。2003年，海外強化へM&A加速し，独社の香料事業を買収した。2005年，イギリスのKao Prestige Lomited を通じてモルトン ブラウン社（Molton Brown Limited 他）を買収した。

国内では，2003年，大正製薬など日用品・医薬品メーカーと卸の約80社は小売りチェーンと販売データを共有する仕組みを本格稼働させた。2006年，大人用紙おむつ大手のリブドゥコーポレーション（愛媛県四国中央市）と資本・業務提携した。

化粧品事業の展開では，2006年，株式会社カネボウ化粧品を子会社化し花王グループに入った。2007年，花王販売株式会社と花王化粧品販売株式会社

が合併し，花王カスタマーマーケティング株式会社に商号変更した。
　ビューティケア事業では，欧州における拠点整備のため，2009年，ドイツのKao Corporaton GmnH（現Kao Manufacturing Germany GmbH）を通じて，ライカルト社（Reichardt International AG）の工場（生産設備）を取得した。

3.2.1.3　東レの提携戦略とM&A

　1990年，ファッション部門を新設し事業を強化，新会社を設立し海外提携やM&Aを推進した。その後，2006年，ユニクロと，販売・技術力を相互補完する戦略的提携で機能肌着の販売を拡大させた。2007年，東レグループのファッション事業会社を統合し，新しく東レ・ディプロモード(株)を設立した。2008年，ナイロン製品目対象に，良品計画と商品再資源化した。2009年，青山商事と開発，速乾性シャツを発売した。2010年，㈱ユニクロと提携拡大，開発・生産，新興国の体制を整備し，同年，㈱ユニクロと戦略的パートナーシップ第二期5カ年計画の取り組みに関する合意書を締結した。
　新規事業の展開では，2002年，東京工業大学や神戸製鋼所と側面衝突対策に使うインパクトビームを開発，京大と研究開発，がん治療用DNAチップを開発した。同年，デュポン社のフッ素繊維事業を買収，米国にトーレ・フロロファイバーズを設立した。2003年，複数技術の融合を狙い，非分社化で研究開発する体制を整備した。2004年，名古屋大学や東京大学と共同研究しているカーボンナノチューブ（筒状炭素分子）など，産学連携共同研究を拡大した。国内では，水道機工(株)・蝶理(株)を連結子会社化した。さらに，2005年，上海交通大とも提携し，高分子材料や繊維重合などの先端技術開発に取り組む体制を拡充した。同年，東レ・ダウコーニング・シリコーン(株)とダウコーニングアジア(株)が事業統合し，東レ・ダウコーニング(株)を設立した。中国・華南の樹脂事業を統合・再編し，東麗塑料（香港）有限公司と東麗塑料（深）有限公司を設立した。
　祖業の繊維事業では，2006年，使用環境で機能分析し，水着素材を奈良教育大と研究した。また，医薬品事業では，2006年，京大グループと，膀胱がん特有のたんぱく質を発見した。また，2009年，大鵬薬品と頻尿治療薬を共

同で開発した。

　炭素繊維関連では，2006 年，ボーイングと契約，材料に，炭素繊維の需要を拡大させた。2007 年，日産自動車などと共同で，先端材料の炭素繊維を使い，自動車の基幹部品である車台（プラットホーム）を大幅に軽量化する技術を開発した。2008 年，炭素繊維の事業拡大に向け，ドイツの炭素繊維部品メーカーに出資した。2008 年，独 CFRP 部品メーカー，アドバンスト・コンポジット・エンジニアリング社に資本参加した。2009 年，自動車・航空機分野向けの総合技術開発拠点「A&A センター」を新設した。

　2010 年，東燃機能膜合同会社に対して東レが新たに出資することにより，バッテリーセパレーターフィルムの合弁会社「東レ東燃機能膜合同会社」を設立した。

　2010 年，欧州 EADS 社とエアバス社向けを中心とする炭素繊維プリプレグに関する長期供給基本契約を締結した。2011 年，ダイムラーと合弁，炭素繊維の車部品を製販のためドイツに工場を設立した。2013 年，Toray Advanced Materials Korea Inc.（略称：TAK）による韓国・ウンジンケミカル社の株式を取得し契約締結した。同年，米国のラージトウ炭素繊維メーカー Zoltek Companies, Inc.（ゾルテック社）を買収した。

　2013 年，炭素繊維による自動車共同開発には，三菱レイヨンや帝人子会社の東邦テナックス，日産自動車，本田技術研究所，三菱自動車工業，スズキ，名古屋大学なども加わった。経済産業省は国のプロジェクトとして支援した。2013 年，GM などに同部材を供給する企業に出資し米国で開発から生産，販売まで対応した。また，東レやトヨタ自動車，東京大学などは炭素繊維を全面的に使った自動車の開発を行った。

　その他の提携戦略として，2008 年，山形大学と共同で，世界初の衝撃吸収プラスチックの開発に成功した。2008 年，東レグループの消費財商社 2 社を東レインターナショナル（株）に統合，東レグループの総務・人材関連事業会社を東レエンタープライズ（株）に統合，東レグループのニット国内関係会社 3 社を東レ・テキスタイル（株）に統合した。2008 年，東和織物（株）を完全子会社化した。2012 年，味の素（株）と，"バイオベースナイロン"の共同研究契約を締結した。

3.2.1.4 ダイキン工業の提携戦略とM&A

空調機、米に再進出するため、1998年、米国にモディーン社と合弁で会社を設立した。1999年、主力の空調機事業では海外での提携やM&Aを積極的に展開した。1999年、空調機事業で松下電器産業と包括提携、海外で製品相互供給と環境で共同研究会社を設立した。2001年、米国トレーン社と空調事業包括的グローバル戦略提携を締結した。

油圧事業において、2001年、米国ザウアーダンフォス社と合弁会社設立に合意した。また、2001年、フッ素機能化学品で開発提携するため、米国オムノヴァ・ソリューション社と提携した。建機油圧事業において、2001年、米国ザウアーダンフォス社との製造合弁会社と、販売合併会社を設立した。

2005年、米国ダウコーニング社とフルオロシリコーン化学での協業に合意した。2005年、アイシン精機とガスヒートポンプエアコン（GHP）分野で業務提携に合意した。2006年、グローバル大手空調メーカー「OYLインダストリーズ社」の買収を決定した。2007年、OYLグループの機構再編を実施（主要4事業を推進するマッケイ・インターナショナル、AAFインターナショナル、J&E HALL OYLマニュファクチャリングからなる体制）した。

2007年、ドイツ・ランクセス社と防汚性・耐候性に優れた水性フッ素コーティング剤の共同開発を行った。2008年、エアコン基幹部品、中国最大手と量産のため、合弁で新工場を設立した。同年、ダイキン工業と格力電器が生産合弁会社の設立に合意した。2010年、ダイキンヨーロッパ社が国を越えた産学共同プロジェクトを展開した。2011年、国内の空調販売子会社を再編、量販店専門販売子会社を設立した。2011年、トルコの空調機メーカー エアフェル社を買収した。2012年、油圧式変速機を米社と中国で共同生産を行った。2013年、インドネシアの業務用空調機器の販売代理店であるTSP社を買収した。

国内では、2008年、ダイキンヒューマンサポート株式会社を吸収合併した。2009年、パナソニックと「持ち合い」強化した。2009年、国内エアフィルター事業トップの日本無機株式会社を買収した。2010年、日本バルカー工業とフッ素樹脂事業で資本提携した。

3.2.2 理念経営の体制と全社プロジェクト活動―創発的変革―
3.2.2.1 キヤノンの理念経営の体制と全社プロジェクト活動

1984年，創業50年目に向けて，ACE '90, New, CPS活動，CIF活動を展開した。1996年，事業部制を一部見直し開発体制を横割にした横断的な製品開発体制の整備である。1997年，「連結事業本部制」を導入し，事業本部制を内外のグループ会社にまで広げている。1999年，KI (Knowledge Intensive Staff Innovation Plan) 活動を展開した。2001年，経営戦略委員会を発足させた。

新規事業の展開のため「三自の精神」を基軸に，2011年，得意技術である画像技術を応用し医療機器開発のためのCK (Canon Kyoto Univ.) プロジェクトを推進している。

3.2.2.2 花王の理念経営の体制と全社プロジェクト活動

1985年，花王タイプの事業体制が確立した。1986年，全社的な組織運営や仕事の進め方などを根本的に見直す活動として第1次TCR活動（トータル・コスト・リダクション）として，生産改善を中心とした活動を展開してきた。その後，1990年，第2次TCR活動（トータル・クリエイティブ・レボリューション）として，創造的な全社活動を展開してきた。

2000年，第3次TCR (VCR) バリュー・クリエイティング・レボリューション活動の展開へと進化した。2007年，第4次TCR活動「トータル・チェーン・レボリューション-i (Total Chain Revolution-i)」を展開し，事業活動のボトルネックの解消に努めてきた。2013年，第5次TCR活動「グローバル・トランスフォーメション・フォー・コスト・リダクション (Global Transformation for Cost Reduction-S)」を展開し，グローバルなグループ活動を展開してきた。

3.2.2.3 東レの理念経営の体制と全社プロジェクト活動

1987年，繊維事業の体質改善強化計画 (APS) (Action Program for Survival) を実行した。1992年，ID-2000運動を開始した。1997年，MT運動（自ら考え，直ちに実行）を開始した。

2002年，経営改革プログラム「プロジェクト NewTORAY21」を開始し，トータルコスト競争力強化（TCプロジェクト）で成果を上げてきた。2003年，NT-21のNew Value Creatorを実践し，「研究員が主要テーマの傍ら独自の関心で取り組む"アングラ研究"勤務時間の1～2割を非公式の研究に当てた。経営理念を基軸に創造的で創発的な活動を支援する体制を整備してきた。

2004年，中期経営課題"プロジェクトNT-II"を開始した。同年，東レ合繊クラスターの結成とPT（プロダクション・チーム）を形成し，プロジェクトNT21の中で自前主義からの脱却を目指した。東レでは，経営戦略を実行する全社プロジェクトを計画的に展開してきた。

2005年，時間管理に縛られない純粋な基礎研究組織も並走させる"複線方式"を採用するとともに開発スピードアップを図った。2006年，中期経営課題 プロジェクト Innovation TORAY 2010 を策定した。2011年，中期経営課題"プロジェクト AP-G 2013"を展開してきた。

3.2.2.4 ダイキン工業の理念経営の体制と全社プロジェクト活動

1993年，「事業周辺ビジネスの拡大計画」取り組みのため，全社プロジェクトチーム（9チーム）を発足させた。とくに，井上礼之社長が打ち出した，「人を基軸にした経営」を実践するため，トップマネジメントチーム形成のため，1999年，経営諮問委員制度を導入した。2002年，第1回グループ経営会議の開催，「最高経営会議」の新設を行った。

2002年，空調部門「技術のダイキン宣言」で技術の大革新を図る革新施策をスタートさせた。2006年，社長直轄の組織「自動車材料戦略推進室」を設立し，自動車開発に不可欠な素材を扱う部門を横断的に統合し研究開発を効率的に進めた。

提携戦略とM&Aの実行段階では，2007年，OYLグループの機構再編（主要4事業を推進するマッケイ・インターナショナル，AAFインターナショナル，J&E HALL OYLマニュファクチャリングからなる体制）を実施した。

生産部門の体制と活動では，2007年，混合生産とセル生産を組み合わせた方式を導入した。2008年，地域7子会社を集約，新会社を設立した。研究開発部門の体制と活動では，2010年，研究開発の機能を統合した。同年，ダイ

キンヨーロッパ社が国を越えた産学共同プロジェクトを展開した。

4. 組織ルーティンの変化

4.1 組織変革の断行

4.1.1 事業撤退への意思決定―計画的変革―
4.1.1.1 キヤノンの事業撤退への意思決定

グローバル企業構想の一つとして，1987年,「右手にハード，左手にソフト」というスローガンが掲げられ，情報，OA に関わる分野への開発を進めていた。しかし，1996年，米国・ネクストコンピュータに出資していたが，マイクロソフトの勢力に敗れたことを機会に完全撤退した。その後，1998年，パソコン事業から撤退した。

また，1999年，強誘電性液晶ディスプレイ（FLCD）事業に乗り出したが，競合他社とのコスト競争に敗れ撤退した。その後，FLCD に代わる表面伝導型電子放出素子ディスプレイ（SED）を，2004年，東芝と戦略的提携で共同出資会社を設立した。しかし，2007年，米国ナノ・プロプライアタリー社に特許ライセンス契約に関する訴訟を起こされ，東芝の事業撤退があった。2008年には，米国ナノ・プロプライアタリー社との訴訟に勝訴したが，競合企業の多数の参入などで薄型テレビの価格下落し，2010年には SED 事業からも撤退した。

4.1.1.2 花王の事業撤退への意思決定

1998年，再編成中の情報関連事業をさらに大幅に縮小させた。1998年，米フロッピーディスク（FD）工場の閉鎖，FD の国内販売の停止を行った。1999年，情報関連事業から撤退した。

化粧品事業は，2004年，カネボウを買収に変更したがその後売却した。2009年，体に脂肪がつきにくい食用油「エコナクッキングオイル」を発売した。食用油で初めての特定保健用食品となったが，2009年10月特定保健用食

品の失効届を提出した。

4.1.1.3 東レの事業撤退への意思決定

2001年，グループ企業に転籍させ退職者の不補充など自然減により3年間で本体2000人削減した。2002年，「プロジェクトNT21」で，光ディスクなど赤字事業の撤退，対応検討し，国内工場の統廃合の検討を行った。同年，人員削減による総労務費の1割削減であった。

4.1.1.4 ダイキン工業の事業撤退への意思決定

1994年，不採算事業は撤退する方針を打ち出した。1995年，ロボットシステム事業，1997年，住宅用暖房機（電子カーペット・ファンヒーター）事業から撤退。1998年，真空ポンプ（ドライポンプ，分子ポンプ）事業から撤退を行った。環境問題から特定フロンが1995年末で生産禁止となるため，フッ素樹脂の新製品などを拡充するとともに海外市場を積極的に開拓した。さらに，2000年，免疫測定装置事業から撤退した。2000年，米モディーン社との合弁契約を解消し清算（2000）した。2001年，アントセンスを営業譲渡しME部を廃止した。2006年，油圧式立体駐車場装置事業を営業譲渡した。

4.1.2 グローバル戦略の展開―創発的変革―
4.1.2.1 キヤノンのグローバル戦略の展開

2009年，欧州の本社機能をCanon Europe Ltd.に集約した。2014年，日本では，オフィス向け複合機が堅調に推移，米州ではインクジェットプリンターの消耗品を加えた売上が堅調に推移，欧州では，オフィス向け複合機のカラー機が堅調に推移，アジア・オセアニア地域では，オフィス向け複合機が堅調に推移している。

2015年，世界販売力の徹底強化，先進国をはじめ，アジア，南米，アフリカといった新興国など，市場の動向を的確にとらえ，販売体制を整えている。先進国市場ではソリューション事業を強化，そして，新興国市場においては販売拠点を拡充している。

2014年度のグローバル市場での売上高は米州1兆365億円（27.6%），日本

7,243 億円（19.4％），アジア・オセアニア 8,760 億円（23.5％），欧州 1 兆 905 億円（29.3％）である．

4.1.2.2 花王のグローバル戦略の展開

1999 年，スペインに欧州工業用製品事業の統轄会社を設立した．同年，アメリカに米州工業用製品事業の統轄会社を設立し，それに伴い High Point Chemical Corporation を清算した．

2002 年，中国事業の持ち株会社を設立した．2003 年，花王（上海）産品服務有限公司を設立（上海花王有限公司から販売機能を分離）した 2011 年，花王（上海）化工有限公司を設立した．

2014 年度のグローバル市場での売上高は，日本 9,973 億円，アジア 2,449 億円，米州 1,242 億円，欧州 1,521 億円である．2014 年，K15（kao Group Mid-term Plan 2015）では，コンシューマープロダクツ事業のグローバル拡大を打ち出している．

4.1.2.3 東レのグローバル戦略の展開

2000 年，北米では，トーレ・メンブレン・アメリカ社を設立した．2001 年，中南米では，トーレ・コンポジット・メキシコ社を設立した．2000 年，中国で，2002 年，中国と香港で会社を設立した．その他では，タイ，マレーシア，インドネシアに，事業統括会社を設立した．

2004 年，水処理の研究・開発を推進するための上海分公司研究所を設立した．2005 年，東麗即発（青島）染織股有限公司を設立した．2006 年，樹脂コンパウンド新会社を設立した．2006 年，中国高機能 PP 長繊維不織布新会社を設立し，韓国で電子回路用の基板フィルムを事業化した．

2006 年，トーレ・メンブレン・USA 社設立し，2007 年，操業開始した．2008 年，フランスに会社を設立，2008 年，中国で次世代型人工気象室「テクノラマ GII」を新設，東レセハン(株)，韓国・高麗大学創意館内に「先端材料研究センター」を開所した．

2009 年，東レ・ファインケミカル(株)が中国に合弁で DMSO 生産・販売会社を設立した．2009 年，中国で水処理合弁会社を設立した．そして，2009 年，

水処理技術の研究・開発拠点をシンガポール南洋理工大学内に設立した。

2011年,東麗尖端薄膜股份有限公司（略称：TAFK）を設立,P.T. Toray Polytech Jakarta（略称：TPJ）を設立した。国際部門,インド事務所を新設した。東麗医療科技（青島）股份有限公司（略称：TMQ）を設立,Euro Advanced Carbon Fiber Composites GmbH（略称：EACC）を設立,東麗先端材料研究開発（中国）有限公司（略称：TARC）の設立を行った。

2012年,ブラジル事務所を設立した。同年,東レインターナショナルトルコ事務所を設立,東麗塑料（成都）有限公司（略称：TPCD）を設立した。2013年,イタリアSaati S.p.A. から,同社の欧州における炭素繊維織物・プリプレグ事業買収について合意した。2013年,インドにおけるエアバッグ基布製造販売会社を設立した。また同年,メキシコ合衆国における樹脂コンパウンド事業会社を設立した。

4.1.2.4 ダイキン工業のグローバル戦略の展開

2000年,ダイキン シュリラム エアコンディショニング社を設立した。2000年,エアコンディショニング スペイン社設立,ダイキンアメリカ社に研究開発会社「DAI-ACT（ダイ・アクト）」を設立した。

2001年,空調販売会社をアルゼンチンとポーランドに設立した。スイング圧縮機の製造・販売会社をタイに設立した。フッ素ゴム生産会社をフランスに設立した。フッ素化学製品の販売会社を2001年,台湾に設立,空調・化学の全生産・販売拠点を統括する会社を中国に設立した。2002年,ダイキンエアコンディショニングイタリア社の本社をミラノ,支店をローマに設立した。2003年,業界初,中国での独資サービス会社が北京,上海,広州にて事業開始した。

2003年,新たな空調機器生産拠点をチェコで設立した。2003年,イギリスに会社を設立,新たな空調機器生産拠点を中国に設立,空調機の圧縮機生産拠点を中国蘇州に設立した。

2004年,松下電器産業と合弁で,中国空調機の圧縮機用モーターを製造・販売する会社を蘇州に設立した。2004年,空調機の圧縮機生産拠点をチェコに設立,空調販売会社をポルトガルに設立した。

2005年，中国初の大規模空調機専門ショールームを中国上海市に開設した。2005年，米国ダウコーニング社とフルオロシリコーン化学での協業に合意，ロシアに「モスクワ事務所」開設した。

2005年，米国に持ち株会社と，空調機器の販売会社を設立した。2007年，ギリシャに会社を設立した。2005年，中蛍集団有限公司と無水フッ酸の生産販売会社を設立した。

2012年，インドネシア社に，2013年，サウジアラビアに会社を設立した。2014年，「英国・グレーターマンチェスターにおけるスマートコミュニティ実証事業」を開始した。

4.2　組織学習の推進

4.2.1　システム・制度の再設計―計画的変革―
4.2.1.1　キヤノンのシステム・制度の再設計

1990年，環境保証推進委員会の設置，1993年，環境憲章制定，1995年，CS推進委員会を設置した。1997年，海外子会社から技術料を取り研究費回収にも連結重視経営にシフトし，経理面で「連結事業本部別業績計算制度」を導入した。同年，環境に配慮した部品部材を優先購入するための「グリーン調達基準書」作成，配布を開始した。1998年，化学物質を効率的に管理できる情報システムを構築した。

2005年，キヤノングループ，"ISO14001"のグループ統合認証を取得し，開発から生産・販売までの拠点をつなぐ情報システム網を整備した。2007年，環境戦略効率化，グループ一体で環境管理の国際規格ISO14001を認証取得した。同年，基幹部品に加え生産ラインに使う製造装置，金型などを外部調達から自社品に切り替える「内製化」した。2010年，開発設計から生産開始に至るプロセスにおける移行ルールを見直し，明確化するために，「製品化プロセス品質確認規程」を制定した。2010年，生産無人化させた。

人事制度面では，2002年，定期昇給を廃止し成果や役割に応じて給与を支給する新しい賃金制度を導入した。2005年，「キャリアマッチング制度」（社内公募制度）を設けて，適材適所の人材配置や人材の流動化・活性化させた。

生産システムの再設計では，2004年，高級複写機生産，開発と一体化させた。同年，部品工場，物流施設を集約，需給変動に即応しデジカメ一貫生産体制，生産革新によるコスト削減のため製造部門の強化を図り，工場組み立てラインの完全自動化を柱とする国内生産の抜本改革に着手した。2012年，3次元CADで研究開発も効率化，工場を多重活用のため現場の技能向上，設計共通化させた。2013年，国内で生産する高価格帯のデジタルカメラ用レンズの生産を自動化させた。2015年，世界をリードする世界最適生産体制の確立，物流・調達・労働力，さらにリスクなどを総合的に判断し，品質とコストを求めて最も合理的な生産拠点の配置を推進した。また生産性向上のために，材料研究や生産技術の内製化，自動機による生産の無人化を追求している。

その他の取り組みとして，2011年，キヤノンカスタマーサポートは顧客満足と品質改善プロセスが評価され2年連続国際品質保証規格「COPC CSP4.4版」を取得している。

4.2.1.2 花王のシステム・制度の再設計

1984年，コンピュータによる定番商品の陳列と棚割作成のシステムを開発した。1985年，「サービスマーチャンダイジング」（SMD），SMDとは，コンピュータの高度利用により，食品小売業の非食品部門を一括管理するものであり，加工食品売場にまで拡大したものであった。1986年，財務戦略面では，年度ごとのリターン・オブ・インベストメント（ROI, 投下資本の収益評価制）が設定された。

1991年，化粧品の店頭在庫管理システムを全国に導入した。1998年，業績・投資計画，価値を計る，株主価値を測定する新たな経営指標である経営指標，「EVA」を初めて全面導入した。1999年，販社の間接人員2割削減し，主要小売店が競合する商圏ごとに，消費者の購買行動を分析して売り場を変える「エリア情報システム」を導入した。

2000年，CPFR（Collaborative Planning Forecasting & Replenishment）とは，花王が独自に作り上げた，カテゴリー・プロフィット・マネジメントと呼ばれる在庫管理理論に基づく小売支援ツールのことであった。

2001年，ECR（Efficient Consumer Response），SCM（Supply Chain

Management）の先駆的な導入。ECR とは，メーカーと小売業が，低コストで価値の高い用品を消費者に届ける仕組みのことである。SCM とは，商品の製造に必要な原材料や部品の，調達先である供給業者から消費者までを一連の流れをビジネス・プロセスとしてとらえ，経営資源や情報を共有することで全体最適をめざす経営手法のことであった。

　2010 年，国内花王グループ各社の経理業務の標準化と効率化を目的に経理業務のグローバル一体運営をめざした経理業務のオフショア化を開始した。

　2013 年，花王とカネボウ化粧品，新・店頭顧客システムを開発，カネボウの品質管理部門と花王の品質保証部も統合した。

　2014 年，知的財産権保護トムソン・ロイター「トップ 100 グローバル・イノベータ-2014」を受賞した。

4.2.1.3　東レのシステム・制度の再設計

　1992 年，全社約 550 の各課長が経営に参画するジュニアボードを導入した。1998 年，海外グループ会社の現地採用社員を国際間で異動・登用する制度を導入した。2002 年，60 歳定年を迎えるグループ内従業員 310 人のうち希望者全員（220 人）の再雇用制度を設計した。

　2007 年，製造現場の高度な技能を若手・中堅に継承する「技能マイスター制度」の運用を行った。2011 年，東レビジネスイングリッシュスクールを立ち上げ，管理職手前の 30～35 歳の社員を対象にした育成制度を構築した。2012 年，経営層選抜へ実地研修と同時に，海外のグループ会社の間で，互いに人材を再配置している。

4.2.1.4　ダイキン工業のシステム・制度の再設計

　1988 年，「戦略物資・戦略技術輸出管理規程」を制定した。1993 年，「地球環境保全に関する行動原則」を制定した。同年，役員報酬 20%カットを実施した。1994 年，管理職賃金カット実施（平成 6 年 12 月まで給与 5%，賞与 10%）であった。

　2000 年，空調冷凍機の 24 時間 365 日サービス体制をスタートさせた。同年，人事・処遇制度の抜本的改革を実施した。

2001年，戦略技能を伝承するマイスター（卓越技能者）制度を導入した。配管を接合する「ろう付け」「板金加工」などの技能水準の高さに加え，生産ラインの改善や後継者の指導など幅広い役割を果たせる人材をマイスターに認定した。

2001年，65歳までの再雇用期間の延長を実施した。2002年，育児休暇・育児勤務制度を改定，仕事と育児の両立支援策を導入した。

2007年，混合生産とセル生産を組み合わせた方式を導入した。2013年，化学関連業務を一元管理，世界で共有，判断を素早くするため，日本IBMの「業務見える化システム」であった。2013年，国内外の拠点をネットワークでつなぎ，製品の在庫や売り上げといった生産・業績指標を一元的に管理できるようにした。地味なシステムにも見えるが，業務効率の面で画期的な変化が生まれた。

2015年，企業価値の最大化を経営の最重要課題のひとつとして位置づけ，FCF（フリーキャッシュフロー），DVA（ダイキン流経済的付加価値），ROA（総資本利益率），ROE（株主資本利益率）など「率の経営」指標を経営管理の重要指標として，積極的な事業展開と経営体質の強化を推進している。

4.2.2 戦略的CSRとダイバーシティ・マネジメント―創発的変革―
4.2.2.1 キヤノンの戦略的CSRとダイバーシティ・マネジメント

戦略的CSRでは，2007年，環境戦略効率化，グループ一体で環境管理の国際規格ISO14001の認証取得をした。2008年，企業スポーツを支援する専門部署を新設した。2012年，キヤノングループCSR活動方針を制定した。2015年，環境先進企業としての基盤の確立，省エネルギー・省資源関連の技術開発を駆使し，設計，生産からリサイクルまで製品ライフサイクルのすべてを通じた環境負荷低減を図った。

ダイバーシティ・マネジメントでは，2008年，ワークライフバランスを推進するための専用ホームページも立ち上げ，仕事を終えたらすぐに帰宅する「GHQ（Go Home Quickly）運動」を全社的に奨励した。2009年，技能の基礎教育強化，光学など，新入社員に研修講座を行った。2010年，生産体制見直し「多能工，世界で育成」した。

2012年，ダイバーシティ推進を加速させるために全社横断プロジェクトで女性社員の活躍推進に取り組んだ。2012年，新入社員に「基本行動トレーニング」を開始した。2013年，企業の裁量で柔軟に社員の発明に報いられるよう，発明は法人帰属にした。

2000年，キヤノンマイスター制度を導入した。2001年，従業員のキャリア支援プログラムとして「My Career 講座」を実施した。同年，スイスのビジネススクールのIMD（経営開発国際研究所）と協力し，本社や海外現地法人の経営幹部を養成する研修制度を開始した。2004年，転勤による格差解消のため社宅・寮を廃止した。2007年，再雇用の上限年齢を63歳から65歳に引き上げた。同年，確定拠出年金（日本版401K）を導入した。

2007年，不妊治療や育児支援の制度を拡充した。同年，社員の労働時間削減に向けた取り組みを強化した。

2015年，真のエクセレントカンパニーに相応しい企業文化の継承と人材の育成，「三自の精神」をもとに，「進取の気性」を発揮し，常に変革へ挑戦し続けている。こうした企業文化を醸成・継承していくとともに，国際的な研修プログラムなどを活用し，グローバルな人材の育成に注力している。

4.2.2.2　花王の戦略的CSRとダイバーシティ・マネジメント

戦略的CSRでは，2009年，「環境宣言」と「新CI（コーポレート・アイデンティティ）」を発表した。2010年，生物多様性条約第10回締約国会議（COP10）に対し社会貢献活動を拡充，自治体と連携した。2011年，環境問題に対応する研究拠点を和歌山工場内に「エコテクノロジーセンター（ETRC）」を新設した。2012年，生態系保護に関する国際的な認証制度に適合したパーム油にすべて切り替えた。

ダイバーシティ・マネジメントでは，2011年，ボランティア向け有給休暇を導入した。1991年，育児休業制度で女性パワー活用―男性も対象に2歳までにした。同年，文化を語れる管理職を育て，国際化に対応するため，研修に教養講座を開催した。また，1991年，商品開発担当者などと工場見学者が意見交換する「情報交流会」を積極的に開催した。

1992年，職種で複線管理，研修に教養講座も導入した。1994年，育児休業

中の女性社員と短時間勤務を利用するママさん社員に季刊誌「エコテ・モア（仏語でちょっと聞いてという意味）」を配布した。2013年，花王は厚生労働省「イクメン企業アワード」の初代グランプリを受賞した。

　人事制度面では，2000年，日本で始めた成果主義人事制度をアジア各国の現地法人にも展開した。2002年，社長ら経営幹部のリーダーとしての能力・資質を評価する「360度評価制」を導入，経営幹部を部下も採点，欠点の自覚を促すためであった。

　2007年，アジア8カ国・地域の現地法人の採用社員を対象に，日本の本社や現法の経営幹部に登用する仕組みを導入，能力の評価基準を統一した。

4.2.2.3　東レの戦略的CSRとダイバーシティ・マネジメント

　戦略的CSRでは，2009年，社長直轄組織として地球環境事業戦略推進室を新設した。2010年，環境分析ツール「T-E2A」の本格展開を発表，環境経営の評価手法を導入した。2011年，環境・エネルギー開発センター（滋賀県瀬田）を新設した。

　2014年度から2016年度までの3カ年を期間とする「第5次CSRロードマップ」を策定した。

　ダイバーシティ・マネジメントの人材育成面では，1988年，東レ経営研究所は，米国マサチューセッツ工科大学，ハーバード・ビジネス・スクール両校と提携した。1991年，東レ経営スクール（TKS），東レ専修学校を設置した。1991年，人材開発センターを設置し，技術センター，マーケティング企画室と並ぶ「経営を支える三本柱」に位置付けた。1995年，WSP（ホワイトカラー生産性向上プロジェクト）をスタートさせた。1996年，東レ総合研修センターを設立した。1998年，海外グループ会社の現地採用社員を国際間で異動・登用する制度を導入した。2011年，東レビジネスイングリッシュスクールを立ち上げ，管理職手前の30～35歳の社員を対象にした育成制度を整えた。

　人事制度面では，2002年，60歳定年を迎えるグループ内従業員310人のうち希望者全員（220人）を再雇用した。2007年，製造現場の高度な技能を若手・中堅に継承する「技能マイスター制度」の運用を行った。2011年，経営学修士（MBA）などの取得を目指す一般留学や，特定の研究テーマで最先端

の知識を吸収する特命留学など3つの留学制度を持っている。毎年それぞれ5～10人を派遣した。2012年，経営層選抜へ実地研修と同時に，海外のグループ会社の間で，互いに人材を再配置することも行った。

2003年，「研究員が主要テーマの傍ら独自の関心で取り組む"アングラ研究"勤務時間の1～2割を非公式の研究に当てた。2005年，時間管理に縛られない純粋な基礎研究組織も並走させる"複線方式"を採用するとともに開発スピードアップを図るためであった。，新技術の卵を見つけて拾い上げる「ファジー・フロント」と呼ぶ部分のスピードアップが，研究開発の流れ全体を加速させた。2010年，ワークライフバランス労使委員会を立ち上げ，ワークライフバランス全般を向上させる中で，育児・介護と仕事の両立に資する諸施策についても更なる拡充・運用充実を推進した。

その他，福利厚生面では，1991年，工場食堂，社宅，独身寮，寄宿舎の整備など，計画的に福利厚生を充実させた。

4.2.2.4 ダイキン工業の戦略的CSRとダイバーシティ・マネジメント

戦略的CSRでは，2007年，国際非政府組織（NGO）「コンサベーション・インターナショナル」とインドネシアの森林を再生させた。

2007年，長時間労働の排除，育児フレックス勤務，育児支援メニューの拡充，男性の育児休業取得推進，再雇用者の活性化を行った。同年，社内技能大会，冷媒配管接合など6種目も行った。2011年，知床自然環境保全事業への支援で知床財団・斜里町・羅臼町の三者と基本合意の締結を行った。2014年，創業90周年記念 社会貢献事業 『"空気をはぐくむ森"プロジェクト』をスタートさせた。同年，富山県南砺（なんと）市で管水路用マイクロ水力発電システムの実証実験を開始した。

2006年，ダイキンヨーロッパ社で欧州日系企業初の盆踊り大会を開催した。同年，ハワイ・オアフ島でダイキン・OYL社の役員幹部約100人が集まり，「ジョイント・ミーティング」を開催した。また，同年，中国のダイキン拠点で初めての盆踊り大会「中秋フェスティバル」を開催した。2008年，「世界一体戦略」，祭典，文化の壁破る，海外工場で盆踊り大会を実施した。2014年，経済産業省主催の「キャリア教育アワード」で当社の環境教育プログラムが優

秀賞を受賞した。
　ダイバーシティ・マネジメントでは，1990 年，「60 歳定年以降の再雇用制度」を発足させた。同年，時短推進 1800 時間台をスタートさせた。1992 年「育児休暇制度」を発足させた。1993 年，大阪府，摂津市と当社の 3 者による第 3 セクター方式で運営される重度障害者多数雇用事業所，株式会社ダイキンサンライズ摂津を設立した。
　2001 年，再雇用期間を 65 歳までに延長した。2005 年，育児休暇を取得した社員の職場復帰を円滑にする狙いで，電子メールを使った対話の場をつくる。人事部が復職 3 カ月前に本人と直接の上司あてにメールを送り，事前に両者が復帰に向けた話し合いをスタートさせた。
　2012 年，国際化と女性登用を積極的に展開した。保育所探し支援，社員の職場復帰のための新制度であった。2013 年，運営は保育サービスのマザーネット（大阪市）に委託した。2014 年 7 月時点で女性管理職数は 29 名，管理職に占める女性比率は 3.0％となっており，2011 年比で人数は約 1.5 倍，比率は 1 ポイント上昇した。
　2014 年，理系人材，産学で育成するため，一般社団法人「産学協働イノベーション人材育成コンソーシアム」に参加した。

5. おわりに

　組織変革は，計画的側面と創発的側面の二面性から，戦略的組織ルーティンの構造や形態と遂行プロセスによってとらえることができる。さらに，4 社の事業活動の事実から，それぞれの活動が，計画的変革と創発的変革の同期化と共進化によって推進されてきたものと考えられる。
　最初の 2 点は計画的な組織変革の側面である。第 1 は経営者の在位期間ごとの組織変革の断行についてであり，中期経営計画・ビジョンなどの調査である。第 2 は経営者チームによる意思決定の基準明確化とその実行についてであり，グローバル戦略・M&A・業務提携・資本提携・経営管理制度などの調査である。これら第 1 と第 2 は計画的な組織変革の側面である。第 3 は組織変革

のプロセスにおける組織形態の構築と変化であり，組織構造・全社的活動・小集団活動・プロジェクトチームなどである。第4は組織学習が促進される要因としてのシステム・制度の構築と変化であり，グローバル経営理念の明文化と共有化・人材育成制度・人事制度・提携戦略による相互作用などである。これら第3と第4は創発的な側面を予測した組織変革である。

第9章

戦略的組織ルーティンの創造からダイナミック・ケイパビリティの形成へ

〈要 旨〉

　本章では，Teece（2007）のダイナミック・ケイパビリティのミクロ的基礎に依拠し，組織変革の分析フレームワークを提示した。組織化の特性を「環境適応系－自己組織系」，組織化の形態を「資源活用系－知識創造系」の軸で表した。一方，組織変革の特性を「漸進的－不連続的」，組織変革の形態を「理念主導－戦略主導」の軸で表した。これらの4つの軸を重ね合せると，それぞれ4象限に組織変革の影響要因が位置づけられる。

　第1に，「環境適応系」と「知識創造系」の象限では，変革対象となるのは組織能力であり「漸進的」な方法で再構築される。第2に，「自己組織系」と「知識創造系」の象限では，「理念主導」により組織学習が推進される。第3に，「資源活用系」と「自己組織系」の象限では，「不連続的」な組織変革によって新たな組織間関係が構築される。第4に，「環境適応系」と「資源活用系」の象限では，経営者のリーダーシップによる「戦略主導」の組織変革によって組織文化の継承と変革が図られる。

　第8章における事例分析の結果，計画的側面では，戦略シフトとして事業撤退の対象特定，時期とタイミングが重要であった。また，新たな資源と能力を獲得するため戦略的提携・M&Aによる共特化マネジメントを同時に推進することであった。創発的側面では，組織変革に対して組織メンバーやステークホルダーの抵抗をポジティブな活動に変換する必要があるため，相互作用を促進する全社プロジェクト活動など共進化マネジメントが不可欠であった。さらに組織学習が促進されるためには，システム・制度の再設計によるプラットフォームの整備と，理念経営の体制構築によるロイヤリティとコミットメント

の構築が極めて重要であった。

1. はじめに

　組織変革の理論的系譜の体系整理を行った。組織変革の研究は，次元やタイプ分けにとどまらず，組織変革の時間軸と空間軸を広げたダイナミックなプロセスに着目した研究が進展した。大月（1999；2005）は，こうしたいろいろな観点から，変革プロセスの段階論と，組織の発展・変革プロセス論の理念型モデルの議論の課題を整理している。そのうえで，組織変革のパラドックス現象に着目し，環境，戦略，組織文化，組織構造，組織プロセスを構成要素として枠組み自体の変革のメカニズムの解明を試みている。組織変革のパラドックス現象に着目したダイナミックな視点は，Mintzberg., et.al（1998）の計画的戦略と創発的戦略の視点と共通する。これら2方向のパラドックス現象による変革のとらえ方は，相反する論理のように見える変革活動の行為と構造を同時に分析する視点である。

　Teece（2007）は，ダイナミック・ケイパビリティのミクロ的基礎を，センシング，シージング，脅威・変形のマネジメントの3つの活動に分けた。競争優位の組織能力を形成する経路として，「企業は，ダイナミック・ケイパビリティによって優れた長期的パフォーマンスをサポートする無形資産を創造・配置・保護できる。さらに，ダイナミック・ケイパビリティのミクロ的基礎は，明確なスキル，組織プロセス，手法，組織構造，意思決定ルール，規律である」（p.3）と，ダイナミック・ケイパビリティのフレームワークを提示したのである。このフレームワークに依拠し，本研究で組織変革のプロセスを提示した。その概要を簡潔に述べると，戦略形成プロセスでは，経営者の(1)「組織変革の断行」と同時に示される(2)「意思決定プロトコル」が，競争優位のダイナミック・ケイパビリティを形成する基盤になる。戦略実行プロセスでは，組織メンバー間の相互作用を生み出す(3)「組織形態の変化」によってダイナミック・ケイパビリティは創造・修正・再配置される。この2つのプロセスを経ることによって組織間の(4)「共特化」が促進され，さらなる組織変革につ

ながって行く。

2. 組織変革の理論モデルから導き出された分析フレームワークの提示

　組織変革の理論モデルについて，内野（2006）は組織全体にまたがる理論として11の主要な動態モデルを取り上げている。第1は，未利用の経営資源を活かすPenrose（1959；1980；1995）の経営者用役モデルである。第2は，Woodward（1970），Burns and Stalker（1961），Lawrence and Lorsch（1967）のコンティンジェンシーモデルである。第3は，Greiner（1972），Quinn and Cameron and Kim（1983）のライフサイクルモデルである。第4は，ポリティカルな視点に立つPfeffer and Salancik（1978）らのパワー・モデルである。第5は，変異，淘汰，保持，組織慣性に着目したHannan and Freeman（1977）らの組織エコロジーモデルである。第6は，選択機会，参加者，解，問題に着目したMarch and Olsen（1976）によるごみ箱モデルである。第7は，生態的変化（イナクトメント，変異），選択，保持のWeick（1979），Aldrich（1999）による組織進化モデルである。第8は，組織の自己決定的ないし自己適応的なLuhmann（1984），今田高俊（2005）による自己組織系モデルである。第9は，Meyer and Rowan（1977）による制度（社会的文脈）に着目した新制度派モデルである。第10は，河合忠彦（2004）による，環境に対してミドルとトップが創発性を発揮する即興的交響理論である。第11は，Polanyi（1958），野中郁次郎（1990）による暗黙知と形式知の循環プロセスによる知識創造モデルである（内野，2006, pp.53-74）。

　先行研究における組織変革の理論モデルから，仮説探索のために組織変革の分析フレームワークを提示する（図表9-1）。組織化の特性を「環境適応系－自己組織系」，組織化の形態を「資源活用系－知識創造系」の軸で表した。また，組織変革の特性を「漸進的－不連続的」，組織変革の形態を「理念主導－戦略主導」の軸で表した。

174　第Ⅲ部　戦略的組織ルーティンからダイナミック・ケイパビリティへ

図表 9-1　組織変革の分析フレームワーク

```
                     環境適応系
      戦略主導                      漸進的
           ┌──────┐      ┌──────┐
           │ 組織 │      │ 組織 │
           │ 文化 │      │ 能力 │
           └──────┘      └──────┘
                    ┌──────┐
  資源活用系─────│ 組織 │─────知識創造系
                    │ 変革 │
                    └──────┘
           ┌──────┐      ┌──────┐
           │ 組織間│      │ 組織 │
           │ 関係 │      │ 学習 │
           └──────┘      └──────┘
      不連続的                      理念主導
                     自己組織系
```

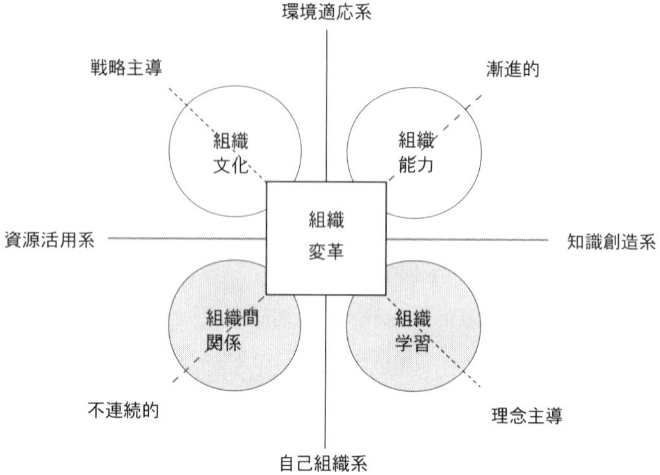

───────　「環境適応系−自己組織系」：組織化の特性
▓▓▓▓▓▓　「資源活用系−知識創造系」：組織化の形態
− − − − −　「漸進的−不連続的」：組織変革の特性
･･･････････　「理念主導−戦略主導」：組織変革の形態

出所：著者作成。

　第1の，「環境適応系」と「知識創造系」の象限では，変革対象となるのは組織能力であり「漸進的」な方法で再構築される。第2の，「自己組織系」と「知識創造系」の象限では，「理念主導」により組織学習を推進させることが有効である。第3の，「資源活用系」と「自己組織系」の象限では，「不連続的」な組織変革で新たな組織間関係が構築される。第4の，「環境適応系」と「資源活用系」の象限では，経営者のリーダーシップによる「戦略主導」の組織変革が有効であり，そこでは組織文化の継承と変革の矛盾したマネジメントが重要な課題である。

　組織変革の分析フレームワークから，次の2つの課題について検討を行った。第1は，環境適応し自己組織化するプロセスと，資源活用し知識創造する両面のプロセスで影響を及ぼす組織変革の要因の解明である。第2は，組織変革と4要素（組織能力・組織学習・組織間関係・組織文化）との関係の解明である。

そして，組織変革の促進要因の二面性を，ダイナミック・ケイパビリティを構成すると考えられる戦略的組織ルーティンの4要素に分けられた（図表9-2）。

図表9-2 組織変革における促進要因の二面性

組織変革の二面性	戦略的組織ルーティン	事業活動の項目
計画的側面	・組織変革の断行 （経営戦略の設計： 組織ルーティンの破壊）	ビジョン，スローガン，中期経営計画，事業撤退，拠点廃止，人員削減，新規事業，設備投資，M&Aの意思決定，資本提携など
計画的側面	・意思決定の基準明確化 （経営戦略の実行： 組織ルーティンの安定）	グローバル戦略の展開，コーポレートガバナンス体制の整備，戦略的CSRの展開，M&Aの遂行，業務提携，経営管理制度など
創発的側面	・組織形態の構築と変化 （経営組織の設計： 組織ルーティンの変化）	組織構造の修正，全社的活動，小集団活動，部門横断組織，プロジェクトチーム活動，提携後・M&A後の推進体制の整備など
創発的側面	・組織学習の促進 （経営組織の実行： 組織ルーティンの創造）	グローバル経営理念の共有化，ダイバーシティ・マネジメント，人材育成制度，人事制度，情報システムの再構築，提携戦略による相互作用など

出所：著者作成。

3. 組織変革の4要素と8つの促進要因

事例分析の結果，組織変革は，組織能力・組織学習・組織間関係・組織文化の4要素と関係し，企業を取り巻く内外環境にかかわる8つの促進要因が考えられた（図表9-3）。

8つの要因とは，(1)事業撤退への意思決定，(2)グローバル戦略の展開，(3)提携戦略とM&Aの展開，(4)理念経営の体制と全社プロジェクト活動，(5)システム・制度の再設計，(6)戦略的CSRとダイバーシティ・マネジメント，(7)コーポレート・ガバナンスが影響し，その結果，(8)イノベーションと多角化が図られて次の組織変革につながる。そして，これら8つの要因には，計画的側面と創発的側面の二面性があるものと考えられた。

176　第Ⅲ部　戦略的組織ルーティンからダイナミック・ケイパビリティへ

図表9-3　組織変革の4要素と8つの促進要因

7. コーポレート・ガバナンス
8. イノベーションによる多角化

組織文化　組織能力

5. システム・制度の再設計
6. 戦略的CSRとダイバーシティ・マネジメント

組織変革

1. 事業撤退への意思決定
2. グローバル戦略の展開

組織間関係　組織学習

3. 提携戦略とM&Aの展開
4. 理念経営の体制と全社プロジェクト活動

出所：著者作成。

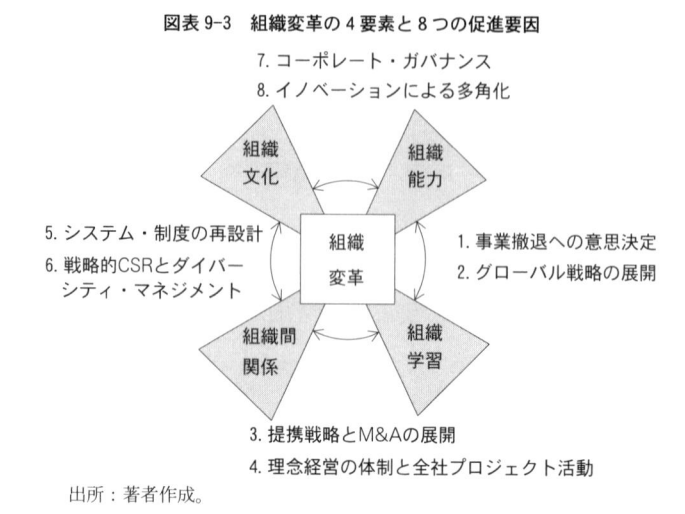

　次に，4つの要素間の関係から，組織変革の促進・促進要因を考察した。第1は，競争優位の組織能力を形成する組織学習の形態である。第2は，組織間関係を有効にマネジメントするための組織学習の考察である。第3は，組織間関係の変化がもたらす組織文化への影響要因の解明である。第4は，組織文化の変革によって形成されるダイナミック・ケイパビリティの解明である。

　組織変革による再成長を図るために，次の3つの要因が影響を及ぼしているものと考えられた。第1は，事業撤退の対象を特定し組織変革を断行する経営者の意思決定のタイミング，第2は，イノベーションの実現に向けた提携戦略とM&A，第3は，組織間関係による共特化のマネジメントである。

4. 戦略的組織ルーティンの創造と組織変革

　持続的成長要因としてダイナミック・ケイパビリティの理論（Teece, 2007）のフレームワークに依拠し，ダイナミック・ケイパビリティを構成する組織ルーティンのメカニズムを検討した。日本の代表的産業（電気機器，化学，繊維，機械工業）から，創業80年以上にわたって持続的成長を遂げている4社

(キヤノン,花王,東レ,ダイキン工業)の組織変革期におけるダイナミック・ケイパビリティの形成プロセスを分析した(槙谷,2011;2012;2013;2014)。

その結果,組織変革の仮説モデルが導き出された。仮説モデルの概要を簡潔に述べると,戦略形成プロセスでは,経営者の(1)「組織変革の断行」と同時に示される(2)「意思決定プロトコル」が,競争優位のダイナミック・ケイパビリティを形成する基盤になる。戦略実行プロセスでは,組織メンバー間の相互作用を生み出す(3)「組織形態の変化」によって創造・修正・再配置される。この2つのプロセスを経ることによって(4)「共特化の促進」となり,さらなる組織変革へと繰り返される。これらの影響要因が組織ルーティンから,持続性と競争優位をかねそなえた戦略的組織ルーティンとして相互に機能するというモデルであった。

5. 組織変革からダイナミック・ケイパビリティ形成へ

第3章で提示したSECIモデルと,第9章で事例分析の結果の考察から,戦略的組織ルーティンの創造からダイナミック・ケイパビリティの形成についてモデル化した(図表9-4)。

事業撤退の意思決定とグローバル戦略の展開による組織変革の断行で,環境に適応できなくなった組織ルーティンを破壊する必要がある。そこでは,提携戦略とM&Aの展開場面において,意思決定基準の明確化が必要になる。理念経営の体制整備による組織メンバー間の方向性の確認と一体化が図られる。新たな環境に適応する戦略的組織ルーティンが安定することによって,競争優位のダイナミック・ケイパビリティが形成されるには,システム・制度の再設計と,戦略的CSRとダイバーシティ・マネジメントの体制整備など,組織形態の構築がトップ主導によって戦略実行段階に組み込まれる必要がある。それらの組織形態の場によって,組織メンバーの役割認識が高まってくる。事業撤退の意思決定とグローバル戦略の展開などの組織変革の断行において,メンバー間の相互作用による組織学習が促進されることで,一時的に安定した戦略的組織ルーティンは,新たな環境適応に向けて戦略的組織ルーティンが変化す

る。そこで，戦略と組織の共進化がもたらされ，ダイナミック・ケイパビリティの形成となり戦略的組織ルーティンが形成される。その基盤には，コーポレート・ガバナンスが位置づけられ，新事業・新製品を創出するイノベーションによる多角化がある。

このように，一連の組織ルーティンを同期化することで，戦略的組織ルーティンが形成される。しかし，安定した戦略的組織ルーティンは同時に変化させなければならず，さらに，新たな戦略的組織ルーティンの創造へと繋げることが，企業の持続性を保証するメカニズムである。ダイナミック・ケイパビリティとは，これら一連の組織ルーティンの破壊から，戦略的組織ルーティンの創造をルーティン化させることである。

図表9-4　戦略的組織ルーティンの創造からダイナミック・ケイパビリティの形成へ

7. コーポレート・ガバナンス
8. イノベーションによる多角化

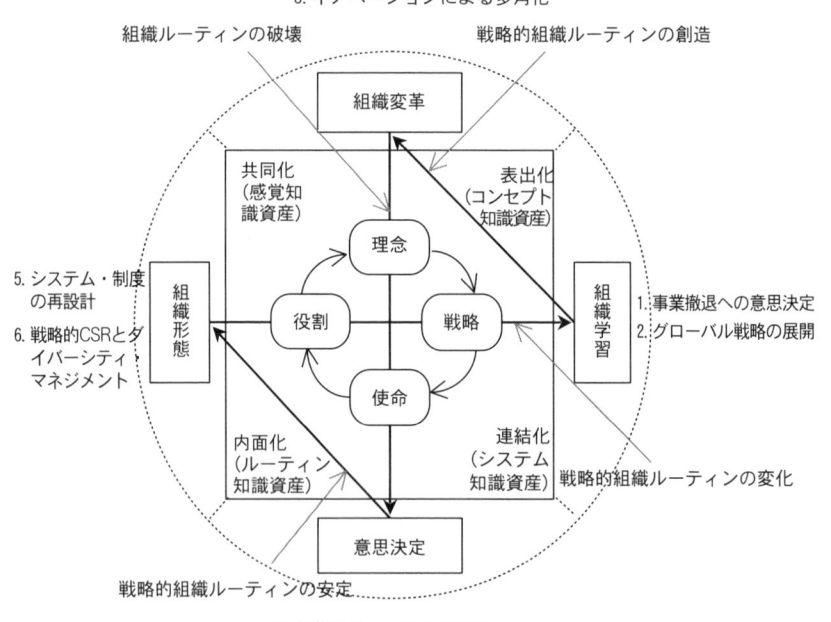

組織ルーティンの破壊　　　　戦略的組織ルーティンの創造

（図中ラベル）
- 組織変革
- 共同化（感覚知識資産）
- 表出化（コンセプト知識資産）
- 理念／役割／戦略／使命
- 組織形態
- 組織学習
- 内面化（ルーティン知識資産）
- 連結化（システム知識資産）
- 意思決定

5. システム・制度の再設計
6. 戦略的CSRとダイバーシティ・マネジメント

1. 事業撤退への意思決定
2. グローバル戦略の展開

戦略的組織ルーティンの変化
戦略的組織ルーティンの安定

3. 提携戦略とM&Aの展開
4. 理念経営の体制と全社プロジェクト活動

出所：著者作成。

6. おわりに

　事例分析の結果，組織変革の阻害要因は，階層と職能における機能不全として次の7つの要因が導き出された。(1)経営者による意思決定の内容・範囲・タイミング，(2)協働システムとインセンティブ・システムの同期化，(3)経営者チーム形成によるステークホルダー・マネジメント，(4)トップとメンバーの協働を生み出すマネジャーの機能，(5)組織メンバー間の相互作用と主体的役割認識，(6)クロスファンクショナル体制整備と機能不全，(7)職務間ボトルネックである。

　一方，組織変革の促進要因は，組織能力，組織学習，組織間関係，組織文化からのアプローチから次の4つの要因が導き出された。(1)機能別組織能力からグループ全体のダイナミック・ケイパビリティ形成，(2)創発的戦略を促進させる組織学習の形態変化，(3) M&A 後の組織間関係を促進させるリエゾン・マネジメントの機能，(4)イノベーションを創出するオープンな組織文化の形成および変革である。これら組織変革の阻害要因を克服し，促進要因を機能させる組織能力こそ，ダイナミック・ケイパビリティである。

あとがき

　本研究は，資源ベースの観点から，ルーティンが企業組織のダイナミック・ケイパビリティに貢献するものと位置づけられるという考えのもとに考察を深めてきた。

　第Ⅰ部の「組織ルーティンの研究：理論研究」では，企業の持続性の分析単位として組織ルーティンに着目して先行研究を整理した。

　第1章で，組織ルーティンの機能について先行研究をもとに整理し，組織ルーティンの構造を明らかにした。さらに，環境適応のための戦略的組織ルーティンについて体系化し，その遂行プロセスにかかわる4要因（組織変革・組織学習・意思決定・組織形態）を示した。第2章の「企業の持続性の分析単位としての組織ルーティン」では，経営資源と組織能力の区別・関係・メカニズムについて考察した。ここでは，企業の持続性を組織能力，組織ルーティンによって分析するための研究方法について再考した。そして，組織能力の分析単位としての組織ルーティンに照準を合わせて，企業活動の実態に即した組織ルーティンの考察を行った。具体的には，生産現場における組織ルーティン，営業販売部門における組織ルーティン，研究開発部門における組織ルーティン，管理部門における組織ルーティンである。

　第3章の「戦略的組織ルーティンのSECIプロセスによる形成メカニズム」では，第Ⅱ部の事例研究のためのフレームワークを提示した。このフレームワークを提示するための予備考察として2つのモデルを提示した。第1は持続的成長と発展モデルであり，第2は戦略的組織ルーティンの遂行プロセスモデルである。

　第Ⅱ部の「戦略的組織ルーティンのメカニズム：事例研究」では，日本を代表する持続的企業として，キヤノン・花王・東レ・ダイキン工業を取り上げた。

　第4章の「組織変革による戦略的組織ルーティンの形成プロセス―キヤノ

ン―」では，企業制度と組織ルーティンの関係について考察を深め事例研究を行った。ここでは，企業の成長のそれぞれの段階で企業制度は重要な持続性要因となるが，新たな環境適応のため，フラクタルで可変的な組織形態の構築によって，一度確立された企業制度は常に変化させることが極めて重要であった。その統制を経営者主導で行うことである。

第5章の「組織変革による組織形態の変化―花王―」では，組織変革における経営理念の機能について考察を深めた。組織が大きくなり事業活動が安定することは，戦略的組織ルーティンが安定することにつながる。しかし，新たな環境適応のために，組織変革が求められる。この安定期において組織変革を断行する経営者の意思決定が，持続的成長をもたらす。しかし，組織には慣性があり，組織メンバーには心理的抵抗が生ずるため，経営目的を共有する経営理念の機能化が重要になった。その実現に向けて，全社プロジェクト活動である組織形態の変化が決め手になっていた。

第6章の「組織変革による戦略的組織ルーティンの破壊と創造―東レ―」では，組織変革における組織ルーティンの安定と変化から，戦略的組織ルーティンの破壊と創造のメカニズムの考察を深めた。歴史のある官僚化する大企業の組織変革は容易ではない。そこで，経営戦略を長期経営ビジョンとして明確に示し，アクションプログラムとして制度化し展開した。

第7章の「組織変革によるダイナミック・ケイパビリティ形成―ダイキン工業―」では，ダイナミック・ケイパビリティ形成における企業家機能について考察を深めてきた。赤字から抜け出すための事業撤退を行い，中核事業の深化とグローバル市場の拡大を図ってきた。グループ経営理念を基軸に，戦略経営計画を連動させ，様々な組織形態の変化によって，組織メンバー間の相互作用を促進させた。

これら4社の事例に共通することは，組織ルーティンが安定すると同時に常に変化させてきたことである。さらに，競争優位を確立してきた戦略的組織ルーティンをも新たな環境変化を読み取って破壊すると同時に創造してきたことである。なぜこのようなことが常に実現できるのであろうか。それは，現場のルーティンをベースにした事業活動のたゆまない改善がある。そこで働く組織メンバーが働きがいを感じるためには，経営者主導による人間尊重の経営が

ある。しかし，大企業において，経営者の意志をどのように全組織メンバーに伝えるのか。それが経営理念の機能化であり，組織形態の変化によって，相互作用による事業活動の再認識と共有を図ることであった。トップ主導の計画的組織変革は必ずしも成功するとは限らない。そこでは，現場で日常のルーティン活動に勤しむ組織メンバーの意志を尊重しなければ，組織変革は成功しない。優れた経営者は，現場が行うルーティン活動を組織レベルで認識している。それだけにとどまらず，自らの意思決定と組織行動を戦略的組織ルーティンとして把握している。

第Ⅲ部の「戦略的組織ルーティンからダイナミック・ケイパビリティへ」では，4社の組織変革の二面性を指摘した。

第8章の「キヤノン・花王・東レ・ダイキン工業の組織変革―計画的変革と創発的変革―」では，組織ルーティンの安定する側面として，意思決定の基準明確化，組織形態の変化を考察した。組織ルーティンの変化する側面として，組織変革の断行，組織学習の推進を考察した。

意思決定の基準明確化では，計画的変革としてコーポレート・ガバナンス，創発的変革として，イノベーションによる多角化をあげた。組織形態の変化では，計画的変革として提携戦略とM&A（合併・買収）の展開，創発的変革として理念経営の体制と全社プロジェクト活動をあげた。

組織変革の断行では，計画的変革として事業撤退への意思決定，創発的変革としてグローバル戦略の展開をあげた。

組織学習の推進では，計画的変革としてシステム・制度の再設計，創発的変革として戦略的CSRとダイバーシティ・マネジメントをあげた。

第9章の「戦略的組織ルーティンの創造からダイナミック・ケイパビリティの形成へ」では，組織変革の理論モデルから導き出された分析フレームワークを提示し，組織変革の4要素と8つの促進要因を提示した。そして，戦略的組織ルーティンの創造と組織変革，さらに組織変革からダイナミック・ケイパビリティ形成のプロセスを提示した。

企業の持続性は，組織変革を組織ルーティンとして位置付けることができるだろう。つまり，組織メンバーが中心に行う日常活動としてのルーティンは，リーダーやマネジャー層が中心に行う管理活動として組織ルーティンとして安

定と変化を繰り返す。そして，経営者層が，これらのルーティンと組織ルーティンを基盤に組み立てた戦略的組織ルーティンとして包含することで，組織変革が日常の事業活動につながってくる。それを促進させるのは組織形態の変化であり，そこから組織学習が誘発されるのである。つまり，組織変革は計画的変革だけではなく創発的変革が生み出されなければ持続性を保てないのである。これら，組織変革の持続性は何によってもたらされるのか。それは，歴代の経営者が受け継いできた経営哲学が根源にあり，歴代の組織メンバー全員がその経営哲学を受け継ぐことに他ならない。その事実を確認するのが，組織ルーティンという行動であり，組織メンバーの行為である。

참고文献

Abell, D. F. (1993), *Managing with dual Strategies*, Free Press, New York. (小林一・二瓶喜博訳『デュアル・ストラテジー:混迷の時代を生き抜く戦略』白桃書房, 1999年)

Aldrich, H. E. (1999), *Organizations Evolving*, Sage Publications of London, Thousand oaks and New Delhi. (若林直樹・高瀬武典・岸田民樹・坂野友昭・稲垣京輔訳『組織進化論—企業のライフサイクルを探る—』東洋経済新報社, 2007年)

Amit, R. and Schoemaker, P. J. (1993), "Strategic Assets and Organizational Rent," *Strategic Management Journal*, 14(1), pp.33-46.

綱淵昭三 (2006)『東レ前田勝之助の原点:現実を直視せよ』実業之日本社。

Ansoff, H. I. (1965), *Corporate Strategy: An Analytic Approach to Business Policy for Growth and Expansion*, McGraw-Hill. (広田寿亮訳『企業戦略論』産業能率短期大学出版部, 1969年)

Aoki, M. (1990), "Towards an Economic Model of the Japanese Firm," *Journal of Economic Literature*, 28: pp.1-27.

Aoki, M. (2001), *Towards a Comparative Institutional Analysis*, The MIT Press. (瀧澤弘和・谷口和弘訳『比較制度分析に向けて』NTT出版, 2001年)

青木昌彦・奥野正寛 (1996)『経済システムの比較制度分析』東京大学出版会。

Axelrod, R. and Cohen, M. D. (1999), *Harnessing Complexity*, Japanese translation rights arranged with The Free Press, a division of Simon&Schuster, Inc. through Japan UNI Agency, Inc., Tokyo. (アクセルロッド. R・コーエン. M. D著・高木晴夫監訳・寺野隆雄訳『複雑系組織論—多様性・相互作用・淘汰のメカニズム—』ダイヤモンド社, 2003年)

Barnard, C. I. (1938), *The Functions of the Executive*. Harvard University Press. (山本安次郎・田杉競・飯野春樹訳『経営者の役割』ダイヤモンド社, 1968年)

Barney, J. B. (1986), "Organizational culture: Can it be a source of sustained competitive advantage?," *Academy of Manegement Review*, 11, pp.656-665.

Barney, J. B. (1991) "Firm resources and sustained competitive advantage," *Journal of Management*," 7, pp.49-64; pp.99-120.

Barney, J. B. (1996), "The resource-based theory of the firm," *Organization Science*, 7, p. 469.

Barney, J. B. (1996), *Gaining and Sustaining Competitive Advantage*, Addison-Wesley. (岡田正大訳『企業戦略論』上中下巻ダイヤモンド社, 2003年)

Barney, J. B. (2001), "Is the resource-based "view" a useful perspective for strategic management reseach? Yes," *Academy of Management Review*, 26, pp.41-56.

Barney, J. B. (2002), *Gaining and sustaining competitive advantage* (2nd ed), Upper Saddle River, NJ: Prentice-Hall. (岡田正大訳『企業戦略論』(上)(中)(下), ダイヤモンド社, 2003年)

Black, J. A. and Boal, K. B. (1994), "Strategic Resources: Traits, Configurations and Paths to Sustainable Competitive Advantage," S *trategic Management Journal*, Summer, Special Issue, pp.131-148.

Burns, T. and Stalker, G. M. (1961), *The Management of Innovation*, Tavistock.

Burrell, G. and Morgan, G. (1979), *Sociological paradigms and organizational analysis*, London:

Heinemann. (鎌田伸一・金井一頼・野中郁次郎訳『組織理論のパラダイム』千倉書房, 1986 年)
Castanias, R. P. and Helfat, C. E. (1991), "Managerial resources and rents," *Journal of Management*, 17. pp.155-171.
キヤノン史編集委員会編(1987)『キヤノン史：技術と製品の 50 年』キヤノン株式会社。
キヤノン有価証券報告書（2001 年度から 2014 年度）。
キヤノンコーポレート・ガバナンスに関する報告書（2014 年度）。
キヤノンアニュアルレポート（2014 年度）。
キヤノン CSR 報告書（2007 年度から 2014 年度）。
キヤノンホームページ（2015 年 7 月 29 日閲覧）。
Chandler, A. D. Jr. (1962), *Strategy and Structure*, The M. I. T. Press. (三菱経済研究所訳『経営戦略と組織』実業之日本社, 1967 年)
Chandler, A. D. (1977), *The Visible Hand: the Managerial Revolution in American Business*, Belknap Press. (鳥羽欽一郎・小林袈裟治訳『経営者の時代-アメリカ産業における近代企業の成立（上・下）』東洋経済新報社, 1979 年)
Christensen, J. F. (1996), "Analyzing the technology base of the firm," In N. J. Foss & C. Knudsen (Eds.), *Toward a competence theory of the firm*, 111-132, London: Routledge.
Christensen, C. M. (2001), *The innovator's dilemma: when new technologies cause great firms to fail*. (伊豆原弓訳『イノベーションのジレンマ：技術革新が巨大企業を滅ぼすとき（増補改訂版）』翔泳社, 2001 年)
Chesbrough, H. (2003), *Open Innovation*, Boston, Mass, Harvard Business School Press. (大前恵一朗訳『OPEN INNOVATION：ハーバード流イノベーション戦略のすべて』産業能率大学出版部, 2004 年)
Chesbrough, H. and Teece, D. J. (1996), "Organizing for Innovation, When Is Virtual Virtuous?," *Harvard Business Review*, 80(8), pp.5-12.
Coase, R. H. (1988), *The Firm, The Market, and The Law*, The Universitu of Chicago. (宮沢健一・後藤晃・藤垣芳文訳『企業・市場・法』東洋経済新報社, 1992 年)
Cohen, M. D. and Bacdayan, P. (1994), "Organizational routines are stored as procedural memory: Evidence from a laboratory study," *Organization Science*, 5: pp.554-568.
Cohen, M. D., Burkhart, R., Dosi, G., Egidi, M., Marengo, L., Warglien, M., and Winter, S. (1996), "Routines and other recurring action pattern of organizations," *Contemporary research issues*. Industrial and Corporate Change, 5: pp.653-698.
Collis, D. J. (1994), "Research note: How valuable are organizational capabilities?," *Strategic Management Journal*, 15, pp.143-152.
Collis, D. J. and Montgomery. C. A. (1998), *Corporate strategy. A resource-based approach*. (デビット・J・コリス, シンシア・A・モンゴメリー著・根来龍之・蛭田啓, 久保亮一訳『資源ベースの経営戦略論』東洋経済新報社, 2004 年)
Commons, J. R. (1931), "Institutional Economics," *The American Economic Review*, 21(4).
Cyert, R. N. and March, J. G. (1963), *A Behavioral Theory of the Firm*, Prentice-Hall, Englewood Cliffs, New Jersey. (松田武彦・井上恒夫訳『企業の行動理論』ダイヤモンド社, 1967 年)
Daft, R. L. (2001), *Essentials of Organization Theory and Design*, South-Western College Publishing, a division of Thompon Learning, pp.166-170. (高木晴夫訳『組織の経営学』ダイヤモンド社, 2002 年)
D'Aveni, R. A. and Gunthe, R. E. (1994), *Hypercompetition: Managing the Dynamics of Strategic Maneuverig*, Free Press.

ダイキン工業株式会社社史編集委員会 (1995)『ダイキン工業 70 年史』ダイキン工業株式会社。
ダイキン工業有価証券報告書 ((2007 年度から 2014 年度)。
ダイキン工業アニュアルレポート (2008 年度から 2014 年度)。
ダイキン工業 CSR レポート (2015 年)。
ダイキン工業コーポレート・ガバナンスに関する報告書 (2014 年度)。
ダイキン工業ホームページ (2015 年 7 月 29 日閲覧)。
Dierickx, I. and Cool, K. (1989), "Aseet Stock Accumulation and Sustainability of Competitive Advantage," *MS*, 35, pp.1504-1514.
DiMaggio, P. J. and Powell, W. W. (1991), *Introduction*, in DiMaggio, P. J. and Powell, W. W. (eds.), *The Institutionalism in Organizational Analysis*, The University of Chicago Press.
Dosi, G., Teece, D. J, and Winter, G. G. (1990), "Les frontiers des enterprises," *Revue d'Economie Industrielle*, ler trim.
Dosi, G. (1994), "Firm, Boundaries of the, in Hodgison," G. M. et al. (eds), *The Elgar Companion to Institutional and Evolutionary*, Vol.1, Edward Elgar.
Dosi, G. and Marengo, L. (2007), "On the Evolutionary and Behavioral Theories of Organizations: A Tentative Roadmap," *Organization Science*, 18, pp.491-502.
同志社大学 (2004)「対談 21 世紀のビジネス潮流を読む：経営戦略研修プログラム第 9 号」同志社大学大学院ビジネス研究科。
Drucker, P. F. (1954), *The Practice of Management*, Harper & Brothers Publishers. (野田一夫監修・現代経営研究会訳『現代の経営（上・下）』ダイヤモンド社, 1968 年)
Eisenhart, K. and Martin, J. (2000), "Dynamic Capabilities, What are they?," *Strategic Management Journal*, October-November Special Issue 21, pp.1105-1121.
Feldman, M. S. (2000), "Organizational routines as a source of continuous change," *Organization Science*, 11: pp.611-629.
Feldman, M. S. and Pentland, B. S. (2003), "Reconceptualizing organizational routines as a source of flexibility and change," *Administrative Science Quarterly*, 48: pp.94-118.
Foss, N. J. and Knudesn, C. Eds. (1996), *Towards a competence theory of the firm*. London: Routlege.
French, W. L. and Bell, Jr. C. H. (1973), *Organizational Development*, Englewood Cliffs, NJ: Prentice-Hall.
藤本隆宏 (2003)『能力構築競争』中公新書。
藤本隆宏・延岡健太郎 (2006)「競争力分析における継続の力：製品開発と組織能力の進化」組織科学 Vol.39 No. 4: 43-55.
藤本隆宏・進化経済学会・塩沢由典編 (2000)『方法としての進化—ゲネシス進化経済学：第 2 章実証分析の方法』シュプリンガー・フェアクラーク東京。
藤田誠 (2007)『企業評価の組織論的研究—経営資源と組織能力の測定』中央経済社。
Geus, A. (1997), *The living company*. (堀出一郎訳『リビングカンパニー：千年企業への道』日経 BP 社, 1997年)。
Grant, R. M. (1991), "The Resource-Based Theory of Competitive Advantage. Implications for Strategy Formulation," *California Management Review*. Vol.33, No. 3. pp.114-135.
Greif, A. (1997), *Microtheory and Recent Developments in the Study of Economic Instituions through Economic History*, In Kreps, D. M. and Wallis, K. F (eds.), *Advance in Economics and Econometrics:* Theory and Applications, Vol.II, Cambridge University Press.
Greiner, L. E. (1967), "Patterns of Organizational Change," *Harvard Business Review*, May-Jun,

pp.119-130.
Greiner, L. E. (1972), "Evolution and Revolution as Organization Grow," *Harvard Business Review*, 50. July-August, pp.33-46.
Hall, R. (1992), "The Strategic Analysis of Intangible Resources," *Strategic Management Jornal*, 13, pp.135-144.
Hall, R. (1993), "A Framwork Linking Intangible Resources and Capabilities to Sustainable Competitive Advantage," *Strategic Management Journal*, 14, pp.607-618.
Hansen, G. S. and Wernerfelt, B. (1989), "Determinants of Firm Performance: The Relative Importance of Economic and Organizational Factors," *Strategic Management Jornal*, 10, pp.399-411.
Hamilton, W. H. (1932), Institution, in Seligman, E. R. A. and Jhonson, A. (eds.), *Encyclopaedea of the Social Science*, Vol.8, Macmillan.
Hannan, M. T. and Freeman, J. H. (1977), "The population ecology of organizations." *American Journal of Sociology*, 32.
Hays, R. and Pisano, G. P. (1994), "The New Manufacturing Strategy," *Harvard Business Review*, Jan.-Feb. pp.77-86.
Heene, A. and Sanchez, R. Eds. (1997), *Competence-based strategic management*. Chichester, England: John Wiley & Sons.
Helfat, C. E. and Finkelstein, S. and Michel, W. and Peteraf, am. and Singh, H. and Teece, D. J. Winter, S. G. (2007), *Dynamic Capabilities: Understanding Strategic Change in Organizations*, 1st edition by Helfat, C. E. and Finkelstein, S. and Michel, W. and Peteraf, am. and Singh, H. and Teece, D. J. Winter, S. G. (谷口和弘・蜂巣旭・川西彰弘訳『ダイナミック・ケイパビリティ―組織の戦略変化―』勁草書房, 2010 年)
平坂敏夫編 (1996)『花王情報システム革命：同時化・共有化で情報を活かす』ダイヤモンド社。
平林千春・廣川州伸 (2004)『花王強さの秘密―23 期連続増収増益を続ける「最強 DNA」を読み解く』実業之日本社。
Hodgson, G. M. (1988), *Economic and Institutions: A Manifesto for a Modern Institutional Economics*, Polity Press.（八木紀一郎他訳『現代制度派経済学宣言』名古屋大学出版会, 1997 年)
Hodgson, G. M. (1993), *Economic and Evolution*, Blackwell Publishiers through The English Agency (Japan) Ltd.（西部忠監訳・森岡真史ほか訳『進化と経済学：経済学に生命を取り戻す』東洋経済新報社, 2003 年)
Hodgson, G. M. (2003), "The Hidden Persuaders: Institutions and Individuals in Economic Theory," *Cambridge Journal of Economics*, p. 7.
Hofer, C. W., and Schendel, D. (1978), *Strategy formulation*. St. Paul, MN: West Publishing.
池本正純 (2004)『企業家とはなにか―市場経済と企業家機能―』八千代出版。
井上礼之 (2008)『「基軸は人」を貫いて』日本経済新聞社。
入山章栄 (2012)『世界の経営学者はいま何を考えているのか』英治出版。
石倉洋子 (2009)『戦略シフト』東洋経済新報社。
磯谷明徳 (2004)『制度経済学のフロンティア：理論・応用・政策』ミネルヴァ書房。
伊丹敬之, 藤本隆宏, 岡崎哲二, 伊藤秀史, 沼上幹／編 (2006)『組織能力・知識・人材　日本企業の「ものづくり」「人づくり」を見つめ直す』リーディングス日本の企業システム　第 2 期第 4 巻, 有斐閣。
伊丹敬之 (1984)『新・経営戦略の論理―見えざる資産のダイナミズム―』日本経済新聞社。

伊丹敬之・加護野忠男 (2003)「ゼミナール経営学入門 (第三版)」日本経済新聞社。
伊丹敬之・軽部大 (2004)『見えざる資産の戦略と論理』日本経済新聞社。
花王経営史編集プロジェクト編 (2003)『絶えざる革新：明日に受けつぐ花王の精神』花王。
花王有価証券報告書 ((2001年度から2014年度)。
花王コーポレート・ガバナンスに関する報告書 (2014年度)。
花王アニュアルレポート (1999年度から2014年度)。
花王サスティナビリティレポート (2015年)。
花王ホームページ (2015年7月29日閲覧)。
神田良・岩崎尚人 (1996)『老舗の教え』日本能率協会マネジメントセンター。
河合忠彦 (2004)『ダイナミック戦略論』有斐閣。
Kimberly, J. R. and Quin, R. E. (1984), *Managing Organizational Transition*. Homewood, IL: Richard D. Irwin.
Kirzner, I. M. (1973), *How markets work : disequilibrium, entrepreneurship and discovery*. (西岡幹雄・谷村智輝訳『企業家と市場とはなにか』日本経済評論社, 2001年)
Knight, F. H. (1921), *Risk, Uncertainty and Profit*, New York: Houhton Mifflin.
Knott, A. M. (2003), The organizational routines factor market paradox. *Strategic Management Journal*, 24: pp.929-943.
小池和男 (1991)『仕事の経済学』東洋経済新報社。
小松章 (1983)『企業の論理：社会科学としての経営学』三嶺書房。
国友隆一 (1990)『花王の秘密：丸田芳郎語録で解き明かす超革新経営の中身』こう書房。
桑嶋健一 (2006)『不確実性のマネジメント：新薬創出のR&Dの「解」』日経BP社。
Langlois, R. N. and Robertson, P. L. (1995), *Firms, markets and economic change: A Dynamic Theory of business institutions*. Routledge. (谷口和弘訳『企業制度の理論—ケイパビリティ・取引費用・組織境界』NTT出版, 2004年)
Lawrence, P. R. and Lorsch, J. W. (1967), *Organizational and Environment*. Cambridge, MA: Harvard University Press. (吉田博訳『組織の条件適応理論』産業能率大学出版部, 1977年)
Leonard-Barton, D. (1995), *Wellsprings of Knowledge-Building and Sustaining the Sources of Innovation*, Boston: Harvard Business School Press.
Levy, A. and Merry, U. (1986), *Organizational Transformation*, New York: Praeger.
Luhmann, N. (1984), *Soziale Systeme: Grundriß einer allgemeinen Theorie*, Frankfurt: Suhrkamp (佐藤勉訳『社会システム理論』恒星社厚生閣, 1993年) (English translation: Social Systems, Stanford: Stanford University Press, 1995)
槇谷正人 (2008)「組織ルーティンの構造と変化プロセス」『経営戦略研究』No. 6, 2008. March, 経営戦略学会。
槇谷正人 (2009)「経営資源と組織能力の不可分性—分析単位としての組織ルーティン」経営戦略研究 No. 7, 2009 March, 経営戦略学会。
槇谷正人 (2012)『経営理念の機能—組織ルーティンが成長を持続させる』中央経済社。
槇谷正人 (2013)「組織変革期における経営理念の機能」『経営情報研究』摂南大学経営学部20巻2号。
Mahoney, J. T. and Pandian, R. (1992), The Resource-Based View within the Conversation of Strategic management, *Strategic Management Journal*, 13, pp.363-380.
March, J. G. and Simon, H. A. (1958), *Organizations*. Wiley. (土屋守章訳『オーガニゼーション』ダイヤモンド社, 1977年)
March, J. G. and J. P. Olsen (1976), *Ambiguity and Choice in Organization*, Universitesforlaget.

(遠田雄志・アリソン・ユング訳『組織におけるあいまいさと決定』有斐閣, 1986 年)
Markides, C. C. and Williamson, P. J. (1994), "Related Diversification, Core Competencies & Corporate Performance," *Strategic Management Journal*, 15, Special Issue, pp.149-165.
Marshall, A. (1890 : 1920), *Principles of Economics*, London: Macmillan, 1890. 8th ed., 1920. (マーシャル著・馬場啓之助訳『経済学原理』東洋経済新報社, 1965 年)
丸田芳郎 (1984)『続わが人生観―経営観』花王石鹸株式会社広報部。
Massini. S. and Lewin, A. Y., Numagami, T. and Pettigrew, A. M. (2002), "The evolution of organizational routines among large Western and Japanese firms," *Research Policy*, 31: pp.1333-1348.
松田陽一 (2012)「組織変革における阻害に関する既存研究の概観（前）―要因・メカニズム・除去を対象にして―」岡山大学経済学会雑誌 44 (3), pp.23-47.
松田陽一 (2013)「組織変革における阻害に関する既存研究の概観（後）―要因・メカニズム・除去を対象にして―」岡山大学経済学会雑誌 44(4) pp.21-40.
Meyer, J. and Rowan, B. (1977), "Institutionalized Organizations: Formal Structure as Myht and Ceremony," *American Journa of Sociology*, Vol.83.
Meyer, A. D. (1982), "Adapting to environmental jolts," *Administrative Science Quarterly*, 27, pp.515-537.
Mezzia, S. J. and Glynn, M. A. (1993), "The three faces of corporate renewal: Institution, revolution, and evolution," *Strategic Management Journal*, 14: pp.77-101.
Miles, R. M., Miles, G. and Snow, C. C. (1998), *Good for Practice: An Integrated Theory of the Value of Alternative Organizational Forms*, in G. Hamel, C. K. Prahalad, H. Thomas and D. O'Neal (Eds), *Strategic Flexibility: Managing in a Turbulent Environment*, Jhon Wiley and Sons, pp.93-113.
Mintzberg, H. (1973), *The Nature of Managerial Work*, Harper and Row; Prentice-Hall. (奥村哲史・須貝栄訳『マネジャーの仕事』白桃書房, 1993 年)
Mintzberg, H. (1975), *The Nature of Managerial Work*, Harper and Row, Prentice-Hall. (奥村哲史・須貝栄訳『マネジャーの仕事』白桃書房, 1993 年)
Mintzberg, H. (1994), *The Rise and Fall of Strategic Planning: Reconceiving Roles for Planning, Plans, Planners*, New York : Free Press. (崔大龍・中村元一・黒田哲彦・小高照男訳『戦略計画―創造的破壊の時代』産業能率大学出版部, 1997 年)
Mintzberg, H. (2009), *Managing*, Berrett-Koehler Publishers. (池村千秋訳『マネジャーの実像「管理者」はなぜ仕事に追われているのか』日経 BP 社, 2011 年)
Montgomery, C. A. Eds. (1995), *Resource-based and evolutionary theories of the firm*. Norwell, MA: Kluwer Academic Publishers.
中岡哲郎・浅生卯一・田村豊・藤田栄史 (2005)「職場の分業と「変化と異常への対応」」名古屋市立大学人文社会学部研究紀要。
Nadler, D. A. and Tushman, M. L. (1995), *Types of Organizational Change: From Incremental Improvement to Discontinuous Transformation*. in D. A. Nadler, R. B. Shaw and A. E. Walton, *Discontinuous Change: Leading Organizational Transformation*, San Francisco: Jossey-Bass, pp.15-34.
Nadler, D. A. and Shaw, R. B. and Walton. A. E. (1995), *Discontinuous Change, Leading Organizational Transformation*. Jossey-Bass Inc. (齋藤彰悟監訳『不連続の組織変革』ダイヤモンド社, 1997 年)
中村元一・山下達哉 (1992)『理念・ビジョン追求型経営』都市文化社.

中村元一・碓井慎一；JSMS 花王研究会 (1989)『花王ノン・ライバル経営：21 世紀をめざした新しい戦略経営のメカニズム』ダイヤモンド社．
Nelson, R. R. and Winter, S. G. (1982), *An Evolutionary Theory of Economic Change*, Harvard University Press. (後藤晃・角南篤・田中辰夫訳『経済変動の進化理論』慶應義塾大学出版会, 2007 年)
『日本経済新聞』(2000 年以降 2015 年 7 月まで，キヤノン・花王・東レ・ダイキン工業に関する記事)．
日本経済新聞社編 (2001)『キヤノン高収益復活の秘密』日本経済新聞社．
日本経営史研究所，花王株式会社社史編纂室編纂;[本文]，年表/資料 (1993)『花王史 100 年 (1890 年-1990 年)』花王．
日本経営史研究所編 [本編] 資料編：資料・年表 (1997)『東レ 70 年史：1926〜1996』東レ株式会社．
日本経営史研究所編 (1999)『時代を拓く：東レ 70 年のあゆみ』東レ株式会社．
日本経営史研究所編集 (2006)『世界企業への道：ダイキン工業 80 年史』ダイキン工業．
『日経ビジネス』1984 年 10 月 15 日号, p. 87.
『日経ビジネス』1984 年 10 月 15 日号, p. 88.
『日経ビジネス』1987 年 7 月 20 日号．
『日経ビジネス』1991 年 9 月 9 日号．
『日経ビジネス』1992 年 2 月 17 日号．
『日経ビジネス』1995 年 2 月 20 日号．
『日経産業新聞』2003 年 5 月 22 日．
『日経産業新聞』2003 年 11 月 17 日．
Nonaka, I. and Takeuchi, H. (1995), *The Knowledge-Creating Company: How Japanese Companies Create the Dynamics of Innovation*, Oxford University Press. (野中郁次郎・竹内弘高・梅本勝博訳『知識創造企業』東洋経済新報社, 1996 年)
野中郁次郎・勝見明 (2004)『イノベーションの本質』日経 BP 社．
野中郁次郎・遠山亮子・平田透 (2010)『流れを経営する—持続的イノベーション企業の動態理論』東洋経済新報社．
Normann, R. and Ramirez, R. (1993), From Value Chain to Value Constellation, *Harvard Business Review*, July.-Aug., pp.65-77.
North, D. C. (1990), *Institutions, Institutional Change and Economic Performance*, Cambridge University Press. (竹下公視訳『制度・制度変化・経済成果』晃洋書房, 1994 年)
大平浩二編著 (2009)『ステークホルダーの経営学—開かれた社会の到来』中央経済社．
大月博司 (1999)『組織変革のパラドックス』同文舘出版．
大月博司 (2004)「組織ルーティンのロジック」北海学園大学経営論集第 1 巻第 4 号．
大月博司 (2005)『組織変革のパラドックス (改訂版)』同文舘出版．
大月博司 (2007)「組織ルーティン変化の影響要因」『早稲田商学』第 413 号・第 415 合併号．
Penrose, E. T. (1959), *The Theory of the Growth of the Firm*, with new Preface, by Edith Penrose. Oxford University Press. (末松玄六訳『会社成長の理論第二版』ダイヤモンド社, 1962 年)
Pentland, B. T. and Rueter, H. H. (1994), "Organizational routines as grammars of action," *Administrative Science Quarterly*, 39, pp.484-510.
Peteraf, M. A. (1993), "The Cornerstones of Competitive Advantage: A Resouece-based View," *Strategic management Journal*, 14, pp.179-191.
Pfeffer, J. and Salancik, G. R. (1978), *The External Control of Organizations: A Resource*

Dependency Perspective, New York, NY: Haper & Row.
Pine, B. J., Peppers, D. and Rogers, M. (1995), "Do You Want to Keep Your Customers Forever?," *Harvard Business Review*, Mar.-Apr., pp.103-114.
Polanyi, M. (1958), *Personal Knowledge: Towards a Post-Critical Philosophy*, Chicago University Press. (長尾史郎訳『個人的知識―脱批判哲学を目指して』ハーベスト社, 1985 年)
Porter, M. E. (1980), *Competitive strategy*, Free Press, New York. (土岐坤・中辻萬治・服部照夫訳『競争の戦略』ダイヤモンド社, 1982 年)
Porter, M. E. (1985), *Competitive advantage*, New York: Pree Press. (土岐坤・中辻萬治訳『競争優位の戦略』ダイヤモンド社, 1985 年)
Prahalad, C. K. and Hamel, G. (1990), "The Core Competence of the Corporation," *Harvard Business Review*, May.-June., pp.71-91. pp.79-93.
Quinn, R. E., Cameron, K. S. and Kim, M. U. (1983), "Organizational Life and Shifting Criteria of Effectiveness; Some Preliminary Evidence," *Management Science*, 29. pp.33-51.
Quinn, J. B., Doorley, T. L. and Paquette, P. C. (1991), *The Intellectual Holding Company: Structuring around Core Activities*, The Strategy Process, Englewood Cliffs, N. J., : Prentice-Hall Inc., pp.324-330.
Roberts, D. J. (2004), *The Modern Firms: Organizational Design for Performance and Growth*, Oxford University Press. (谷口和弘訳『現代企業の組織デザイン：戦略経営の経済学』NTT 出版, 2005 年)
『労政時報 3794 号』(2011 年 3 月 25 日) 労務行政研究所. pp.21-26.
Sanchez, R. & Heene, A. (1997), *Competence-based strategic management: Concepts and issues for theory, research, and practice*, In A. Heene & R. Sanches (Eds), *Competence-based strategic management*: 3-42. Chichester, England: John Wiley & Sons.
斎藤正治監修・山田泰造著(2001)『花王流通コラボレーション戦略』ダイヤモンド社。
Schendel, D. (1994), "Introduction to competitive organizational behavior: Toward an organizationally-based theory of competitive advantage," *Stragegic Management Journal*, 15. pp. 1-4.
Schumpeter, J. A. (1926), *Theorie der wirtshaftlichen Entwicklung* (2 Aufl), Duncker & Humblot. (塩野谷祐一・中山伊知郎・東畑精一訳『経済発展の理論』岩波文庫, 1977 年)
Scott, W. R. (1995), *Institution and Organization*, Sage Publications, Inc. Thousand Oaks, U. S. A. London, U. K. New Delhi, INDIA. (河野昭三・板橋慶明訳『制度と組織』税務経理協会, 1998 年)
盛山和夫 (1995)『制度論の構図』創文社, 現代自由学芸叢書。
Selznic, P. (1957), *Leadership in administration*, Evanston, IL;Row. Penterson and Company. (北野利信訳『組織とリーダーシップ』ダイヤモンド社, 1963 年)
Schumpeter, J. A. (1926), *Theorie der wirtshaftlichen Entwicklung* (2 Aufl), Duncker & Humblot. (塩野谷祐一・中山伊知郎・東畑精一訳『経済発展の理論』岩波文庫, 1977 年)
Simon, H. A. (1976), *Administrative Behaviour*, 3rd ed., Free Press. (松田武彦・高柳暁・二神敏子『経営行動』ダイヤモンド社, 1989 年)
Simon, H. A. (2002), "Near Decomposability and the Speed of Evolution," *Industrial and Corporate Change*, 11(3), pp.587-599.
塩沢由典 (2006)『進化経済学ハンドブック』共和出版。
白石弘幸 (2005)『経営戦略の探求：ポジショニング・資源・能力の統合理論』創成社。
高橋正泰・大月博司・山口善昭著 (2008)『経営学―理論と体系―（第 3 版）』「第 1 章社会科学のパラ

ダイムと組織論」同文舘出版。
谷口和弘（2006）『企業の境界と組織アーキテクチャ―企業制度論序説』NTT 出版。
谷口和弘（2006）「企業制度論に向けて（Ⅰ）」三田商学研究，2006 年 12 月 49 巻 5 号，慶応義塾大学商学研究会。
谷口和弘（2007）「企業制度論に向けて（Ⅱ）」三田商学研究，2007 年 2 月 49 巻 7 号，慶応義塾大学商学研究会。
Teece, D. J. and Pisano, G. (1994), "The Dynamic Capabilities of Firms: An Introduction," *Industrial and Corporate Change*, 3(3).
Teece, D. J, Pisano G. and Shuen, A. (1997), "Dynamic Capabilities and Strategic Management," *Strategic Management Journal*, Vol.18, 7, pp.509-533.
Teece, D. J. and Pisano, G. (2007), "Explicating Dynamic Capabilities: The Nature and Microfoundations of (Sustainable) Enterprise Performance," *Strategic Management Journal*, Vol.28, Issue13, pp.1319-1350.
Teece, D. J. and Pisano, G. (2009), *Dynamic Capabilities and Strategic Management: Organizing for Innovation and Growth*, Oxford Univ PR.
Teece, D. J. (1986), "Profiting from Technological Innovation: Implications for integration, collaboration, licensing and public policy," *Research Policy*, 15 (6), pp.285-305.
Teece, D. J. (2000), *Managing Intellectual Capital: Organizational, Strategic, and Policy Dimensions*. Oxford University Press.
Teece, D. J. (2007), "Explicating Dynamic Capabilities: The Nature and Microfoundations of (Sustainable) Enterprise Performance," *Strategic Management Journal*, Vol.28, ssue13, pp.1319-1350.（渡部直樹編著・デビット・J・ティースほか著『ケイパビリティの組織論・戦略論』中央経済社）
Teece, D. J. (2009), *Dynamic Capabilities and Strategic Management: Organizing for Innovation and Growth*, Oxford Univ PR.
Tushman, M. L. and Romanelli, E. (1985), "Organizational Evolution : A Metamorphosis Model of Convergence and Reorientation," in B. Staw and L, Cummings(eds), *Research in Organizational Behavior*, Vol.7. Greenwich, Conn: JAI Press, pp.171-222.
東レ経営研究所編著（2011）『実論経営トップのリーダーシップ「前田勝之助」のリーダー育成論』メトロポリタンプレス。
東レ有価証券報告書（(2003 年度から 2014 年度)。
東レコーポレート・ガバナンスに関する報告書（2014 年度）。
東レアニュアルレポート（2009 年度から 2014 年度）。
東レグループ CSR レポート（2005 年度から 2014 年）。
東レホームページ（2015 年 7 月 29 日閲覧）。
Treacy, M. and Wiersema, F. (1993), "Customer Intimacy & Other Value Disciplines," *Harvard Business Review*, Jan.-Feb., pp.43-53.
土平恭郎（1998）『花王・丸田芳郎最強のマーケティング：21 世紀に遺す』産能大学出版部。
内野崇（2006）『変革のマネジメント―組織と人をめぐる理論・政策・実践―』生産性出版。
Veblen, T. B. (1899, 1992), *The Theory of the Leisure Class*, Transaction Publishers.（高哲男訳『有閑階級の理論』ちくま学芸文庫, 1988 年）
Wernerfelt, B. (1984), "A Resource-Based View of the Firm," *Strategic Management Journal*, pp.171-180.
Wernerfelt, B. (1995), "The resource-based view of the firm: Ten years after," *Strategic

Management Journal, 16: pp.171-174.

Weick, K. E. (1979), *The Social Psychology of Organizing (2nd ed.)*. Reading, MA: Addison-Wesley. (遠田雄志訳『組織化の社会心理学(第2版)』文眞堂, 1997年)

Wiggins, R. R. and Ruefli, T. W. (2002), "Sustained Competitive Advantage: Temporal Dynamics and the incidence and Persistence of Superior Economic Performance," *Organization Science*, 13(1), pp.81-105.

Wiggins, R. R. and Ruefli, T. W. (2003), "Industry, Corporate, and Segment Effects and Busuness Performance: A Non-parametric Approach," *Strategic Management Journal*, 24(9), pp.861-879.

Wiggins, R. R. and Ruefli, T. W. (2005), "Scumpeter's Ghost: Is Hypercompetition Making the Best of Times Shorter?," *Strategic Management Journal*, 26(10), pp.887-911.

Winter, S. G. (2003), "Understanding Dynamic Capabilities," *Strategic Management Journal*, Vol.24, pp.991-995.

Woodward, J. (1970), *Industrial Organization: Behavior and Control*, Oxford University Press. (都築栄・宮城浩祐・風間禎三訳『技術と組織行動』日本能率協会, 1971年)

吉田孟史 (2004)「暗黙的ルーティンと組織の思考」経済科学, 名古屋大学大学院経済学研究科 編／名古屋大学大学院経済学研究科, 52巻2号, pp.1-19.

初出一覧

第Ⅰ部　組織ルーティンの研究：理論研究
第1章　組織ルーティンの機能
* 「組織ルーティンの機能―高業績営業部門の調査より―」『日本経営学会誌』第24号，日本経営学会，2009年，pp.29-40.を加筆修正。

第2章　分析単位としての組織ルーティン
* 「経営資源と組織能力の不可分性―分析単位としての組織ルーティン―」『経営戦略研究』第7号，経営戦略学会，2009年，pp.19-33.を加筆修正。

第3章　戦略的組織ルーティンのSECIプロセスによる形成メカニズム
* 「組織変革期における経営理念の機能―SECIプロセスによる戦略的組織ルーティンの考察を通して―」『経営学論集第84集』日本経営学会，2014年，pp.1-11.を加筆修正。

第Ⅱ部　戦略的組織ルーティンのメカニズム：事例研究
第4章　組織変革による戦略的組織ルーティンの形成プロセス―キヤノン―
* 「ダイナミック・ケイパビリティと企業制度」『徳山大学論叢』第68号，2009年，pp.45-62.を加筆修正
* 「戦略的組織ルーティンと経営理念の機能化―キヤノンの事例を通して―」『経営戦略研究』第10号，経営戦略学会，2011年，pp.3-13.を加筆修正。

第5章　組織変革による組織形態の変化―花王―
* 「組織変革期における経営理念の機能」『経営情報研究』第20巻2号，摂南大学経営学部，2013年，pp.1-20.を加筆修正。

第6章　組織変革による戦略的組織ルーティンの破壊と創造―東レ―
* 「戦略的組織ルーティンの破壊と創造」『経営情報研究』第21巻1号，摂南大学経営学部，2013年，pp.1-18.を加筆修正。

第7章　組織変革によるダイナミック・ケイパビリティ形成―ダイキン工業―
* 「ダイナミック・ケイパビリティ形成における企業家機能」『経営情報研究』第22巻1号，摂南大学経営学部，2014年，pp.1-18.を加筆修正。

第Ⅲ部　戦略的組織ルーティンからダイナミック・ケイパビリティへ
第8章　キヤノン・花王・東レ・ダイキン工業の組織変革—計画的変革と創発的変革—
　*　「組織変革メカニズムの解明に向けた分析フレームワーク」『経営情報研究』第24巻1号, 摂南大学経営学部, 2015年, pp.1-17. を一部分加筆修正。
　*　書き下ろし

第9章　戦略的組織ルーティンの創造からダイナミック・ケイパビリティの形成へ
　*　書き下ろし

結論
　*　書き下ろし

事項索引

欧文

ACE'90 (Active Creative Exciting '90) 活動　65
AKF (赤字事業・開発事業のフォローアップ) 制度　102
AP-Innovation TORAY 21　109
APS (Action Proguram for Survival)　101
AP-Growth TORAY 2020　144
AP-G2000　110
AP-New TORAY21　109-110
BSC (戦略マップ)　21
Canon　58
Canon Global Management Institute　68
CDS (Canon Development System) 活動　64
CI (Corporate Identity) 運動　99
CIF (Canon Into the Future) 活動　64
CK (Canon Kyoto Univ.) プロジェクト　152, 156
CPS (Canon Production System) 活動　64
CPFR (Collaborative Planning Forecasting & Replenishment)　163
CSR　54, 72
────報告書　141
DEプロジェクト　127
ECR (Efficient Consumer Response)　163
EVA　163
FUSION05　129
FUSION21　129
GHQ (Go Home Quickly) 運動　62
GO (グローバル・オペレーション) 推進室 (ユニクロ対策室)　105
Hanza　58
IC (Intellectual Capital)　20
ID-2000 運動　105
Identity-2000 (ID-2000) 運動　107
Innovation Toray 2010　109
IR (Invester's Relations)　20

K15 (Kao Group Mid-term Plan 2015)　160
KI (Knowledge Intensive Staff Innovation Plan) 活動　67
Kwanon (カンノン)　57
M&A (合併・買収)　38, 72, 88, 124, 140, 152
MPR (Marketing Production & Research)　104
MT運動 (自ら考え，直ちに実行)　109
NT-21　109
OJT　79
PDS生産方式　128
QCサークル活動　128
QC手帳　63
R&D　119, 124
RBV　15, 20
ROE　165
ROI　84, 91, 163
SCM　151
──── (Supply Chain Management)　163
SECIプロセス　36, 38, 40
SECIモデル　78, 90
SOX法　72
TCR運動　82
TPM活動　128
WSP (ホワイトカラー生産性向上プロジェクト)　109
X線カメラ　58
ZD運動　63

ア行

アクションプログラム (AP)　107
アクティビティ　55, 57
アジアシフト　72
アニュアルレポート　141
アライメント　120
暗黙知　90
育児休暇・育児勤務制度　129
意識改革　104

意思決定　8, 11, 64, 89
　　──の基準明確化　36, 100, 146
　　──プロトコル　135
一時的な優位　125
5つの部門業務　27
意図せざる結果　11
イノベーション　9-10, 29, 31, 35, 123, 150
　　──と多角化　175
　　──による多角化　148
　　──を妨げる慣性 (inertia)　111
意味の体系　53
異例作業　6
インセンティブ　31
　　──・デザイン　121
インタラクティブ・アプローチ　54
インタンジブルズ (intangibles)　20
エリア担当マネジャー制　91
近江屋写真用品株式会社　58
オーケストレーション　124
オープン・イノベーション　120
オープン・システム　24
オープンな組織形態　91, 104
オープンな組織風土　86

カ行

花王　79, 142, 146, 149, 152, 156, 158, 160, 163, 166
　　──ウェイ　80, 87, 143
　　──石鹸　79
　　──の基本理念　88, 143
　　──のマネジメントブック　87
科学的管理　62
型　12
肩書廃止運動　86
価値 (value)　123
　　──前提 (value premises)　49
カネボウ化粧品　146, 152
ガバナンス体制　128, 147
感覚知識資産　40
環境適応系　174
カンパニー制　140
かんばん方式　6
管理責任　122
管理的業務ルーティン　7
企業家機能　117, 122

企業制度　49
　　──の分類　55
　　──論　54
企業の持続性　35
企業評価　19
企業風土　87
企業文化　86
企業理念　85, 110
企業倫理　54
技術競う五輪　131
希少性 (rarity)　123
規制的 (regulative)　50
技能 (skill)　16
技能マイスター制度　167
規範的 (normative)　50
客観主義的アプローチ　22
キヤノン　141, 146, 148, 151, 156, 158, 159, 162, 165
　　──音頭　61
　　──行動規範　66, 141
　　──式システム　65
　　──標準型（ハンザキヤノン）　57
キャリアマッチング制度　162
脅威・変形のマネジメント　118
共生の理念　66, 141
競争戦略論　123
競争優位の源泉　15-16, 24
競争優位の持続　16, 24
共通目的　122
協働　31, 53
共同化 (Socialization)　38, 78
共同思考　79
共特化　121, 133, 134
業務活動　8
共約不可能性　15
クリエイティブ・ルーティン　11
グループダイナミックス　74
クロスファンクショナル　134
グローバル企業構想　66
グローバル経営理念　129
グローバル戦略　88
　　──の展開　159, 175
グローバル優良企業グループ構想　66
グローバルリーダー育成　67

198　事項索引

経営革新委員会　67
経営管理機能構築　37
経営管理機能分化　37
経営管理制度　40, 58, 62, 127, 133
経営危機管理　102
経営計画　8
経営資源　16, 18
　──の集合体としての企業　15
経営者チーム形成と権限委譲　37
経営者の理念と創造性　37
経営者用役モデル　173
経営戦略　8, 21, 64
　──委員会　67
　──と組織構造の適合　37
　──論　125
経営哲学　58, 62, 67, 80, 85, 89, 135, 142
経営理念　8, 64, 89, 128, 135
　──の機能　36, 67, 77
　──の機能化　39, 64, 68, 77, 81, 110
　──・ビジョン　21, 24, 30
計画的な組織変革　75, 125
ケイパビリティ　26
月給制　59
研究開発戦略　30
健康第一主義　60
現場密着型意思決定　129
コア・リジリティ　116
行為の体系　53
好況時の不況対策　102
貢献意欲　122
合資会社大阪金属工業所　126
公式化　49
国際化　62, 127
コネクション　7
個別的組織能力　27
コーポレート・ガバナンス　12, 146, 175
　──に関する報告書　141
コーポレート・フィロソフィー　87
コミットメント　39, 127, 134
ごみ箱モデル　173
コミュニケーション　122
混合生産　131, 157
コンセプト知識資産　40
コンティンジェンシーモデル　173

コンティンジェンシー理論（contingency theory）　74
コンピタンス　17
コンピテンシー　11
コンプライアンス　32
コンフリクト　135

サ行

財務資源　27
作業ルーティン　7
サスティナビリティレポート　141
三自の精神（自発・自治・自覚）　58, 65, 141
3主義（実力・健康第一・新家族）　58
さんづけ運動　86
三分説制度　59
事業撤退　128
　──への意思決定　158, 175
事業ドメイン　101
事業部制組織　140
事業報告書　141
事業本部制　103
事業目的の設定　123
資源　16
　──活用系　174
資源ベース　26
　──・アプローチ（Resource Based View: RBV）　3
　──によるイノベーション　37
　──による経営戦略の実行　37
資源ポジション障壁　15
自己組織化　140
自己組織系　174
　──モデル　173
資産（asset）　16
　──ストック　17
　──フロー　17
事実前提（factual premises）　49
市場開発戦略　140
自助努力　101
シージング　118
システム資源（system resource）　17
システム・制度の再設計　162, 175
システム知識資産　40
システム的イノベーション　124

事項索引

持続的成長と発展モデル　37
持続的成長と発展要因　27
持続的な競争優位　94, 125
実力主義　59
自働化　6
社歌　61
社外取締役　146, 148
ジャストインタイム方式　6
社内技能大会　131
習慣　50
集権化　127
重量級 PM 制　6
主観主義的アプローチ　22
ジュニアボード　108
準分解可能性（near decomposability）　121
渉外　123
小集団活動　29, 64, 112
情報・技術的資源　27
職能別組織　103
進化経済学　5
新家族主義　60
進化モデル　75, 124
新制度派モデル　173
新創業祭　99
人的資源　27
新ビジネスシステム創出　38
シンボル　54
スキーマ（schema）　51
スクリプト（script）　51
ステークホルダー　24, 31, 141
　　──・マネジメント　140
スローガン　58, 66, 142, 158
精機光学工業株式会社　57
セイコーエプソン　151
生産無人化　162
制度　48, 52
　　──化されたプロセス　11
　　──の3支柱　50
製品アーキテクチャ（product architecture）
　　28
製品開発戦略　140
制約　50
世界一体化戦略　131
責任生産制　59

セル生産　131, 157
全キヤノン小集団発表大会　65
センシング　118
漸進的変革　74-75, 124
専門化　21
戦略化（strategizing）　13
戦略経営計画ビジョン95　128
戦略シフト　116
戦略的 CSR とダイバーシティ・マネジメント
　　165, 175
戦略的育成事業　107
戦略的意思決定　63, 67
戦略的拡大事業　107
戦略的広報　105
戦略的組織ルーティン　7, 69
　　──の4要素　38, 77, 96
　　──の安定　40, 77
　　──の安定と変化　77
　　──の遂行プロセス　9
　　──の遂行プロセスモデル　37, 76
　　──の創造　40, 106, 178
　　──の破壊　99
　　──の破壊と創造　94, 97
　　──の変化　40, 77
　　──は4要素　76
戦略的提携　72, 130
戦略と組織の共進化　134
創発的な組織変革　75, 125
組織（organization）　123
組織エコロジーモデル　173
組織開発「Organizational Development」　74
組織学習　8, 10, 89, 104, 127
　　──の推進　162
　　──の誘発と促進　36
組織化の形態　173
組織化の特性　173
組織間関係　140
組織形態　8, 11, 23, 67, 89, 131
　　──の構築と変化　36
　　──の変化　151
組織構造　21
　　──の設計　123
組織行動のルーティン化現象　26
組織体制　23

200　事項索引

組織デザイン　23
組織道徳の創造　122
組織独自能力　15
組織能力　7, 16, 18, 26
　　――の概念体系　19
　　――の測定モデル　21
組織の発展・変革プロセス論　172
組織変革　8, 10, 35, 38, 74, 89, 126
　　――の形態　173
　　――の促進要因の二面性　175
　　――の断行　36, 158
　　――の特性　173
　　――のパラドックス現象　172
　　――の分析フレームワーク　174
　　――の理論的系譜　172
組織進化モデル　173
組織マネジメント　19
組織ライフサイクル　73, 90
組織ルーティン　4, 25, 26, 36, 47, 56, 58, 62, 95
　　――の3つの階層　27
　　――の安定　146
　　――の安定と変化　96
　　――の構造　7, 48, 95
　　――の破壊　40, 178
　　――の変化　158
即興的交響理論　173

タ行

第1次優良企業構想　63
第2次優良企業構想　65
ダイキン工業　126, 144, 147, 150, 155, 157, 159, 161, 164, 168
ダイキン電子大学（DEC）　127
体質転換　127
大正製薬　152
ダイナミック・ケイパビリティ　4, 26, 76, 90
　　――のミクロ的基礎　118
ダイナミック組織ルーティン　5
第二の創業　66
ダイバーシティ・マネジメント　140
対話　65, 79, 130
多角化　62
知恵　38, 78
知識創造系　174

知識創造モデル　173
知識ベース　64
知的熟練　6
知的熟練論　6
チームワーク　123
中期経営課題"プロジェクトNT-Ⅱ"　105
朝会　67
長期経営計画　63
　　――「2・3・5計画」　126
長期経営ビジョン「AP-G2000」　107
提携戦略とM&A　151
　　――の展開　175
定常作業　6
ディビジョン・カウンシル　108
デシジョン・ルーム　83
道徳的理念　122
東洋レーヨン　98
東レ　98, 143, 147, 149, 153, 156, 159, 160, 164, 167
　　――経営スクール（TKS）　106
　　――専修学校　106
　　――総合研修センター　109
トータルコスト競争力強化（TCプロジェクト）　100
特許戦略　63
トップ主導　10, 69
トップダウン　56, 107, 108
トップ・マネジメント　30, 31, 56, 76, 98, 103, 111, 112, 123
　　――主導　67, 112
ドメインと経営戦略構築　37
トヨタ生産システム　56
取締役会　123, 147

ナ行

内生性の問題　36
内包された資源（contained resource）　17
内面化（Internalization）　38, 78
長瀬商店　79
日本バルカー工業　155
人間尊重　65
認知的（cognitive）　50
能力　16

ハ行

ハイパー・コンペティション　94
パナソニック　155
パラドックス現象　9, 96
パワー・モデル　173
販売情報システム　86
ビジネス・モデル　120
非定常作業　6
日々イノベーション　85
ヒューレット・パッカード　151
表出化（Externalization）　38, 79
標準化　6
　——された作業　6
　——されていない作業　6
費用新政策　102
開かれた組織風土　32
品質向上発表会　65
フォーメーションTプロジェクト　99
不況時の好況対策　102
ふだんと違った作業　6
ふだんの作業　6
部長懇話会　105
物的資源　27
部分最適より全体最適　67
部門化　21
フラクタルな組織形態　103, 133, 134
プラザ合意　99
フラットな組織形態　129
不連続変革　75, 124
プロジェクトAP-G2013　157
プロジェクトNew TORAY21　109
プロジェクトNT-II　109-110
プロジェクト活動　29, 32, 63, 69, 83, 112, 127, 134
プロジェクトチーム　127
フロネシス　64
分業　6
分権化　121
　——・準分解可能性　127, 132
分社化　140
変革プロセスの段階論　172
変化対応能力　29
変化と異常への対応　6
変化ルーティン（change routines）　5

ボーイング　154
法的責任　123
ポジショニングベース　15
ポジショニング・ベースアプローチ　23
ボトムアップ　56
ボトルネック　36
盆踊り大会　131

マ行

マイクロソフト社　151
マイスター制度　56, 129
マーケティング戦略　30
マネジャーの仕事　123
見えざる資産　15
ミクロ組織論　74
三井物産　98
ミドルアップ・アンド・ダウン　108
　——経営　107
ミドル・マネジメント　107
ミドルマネジャーの役割　125
モチベーション　31, 39, 58, 112
モデレーティング効果　36
モノの体系　53
模倣困難性（inimitability）　123

ヤ行

有価証券報告書　141
優良企業構想　63
ユニクロ　153

ラ行

ライカ　58
ライフサイクルモデル　173
ラディカル・チェンジ　24
　——の社会学　24
ラディカルな変革　75, 124
利益重視のキャッシュフロー経営　67
リコー　151
リスクマネジメント　12
リーダーシップ　89, 98, 108, 112
理念経営の体制と全社プロジェクト活動　156, 175
理念的実在　53
稟議書　86

リーン生産方式　56
ルーティン　3, 7, 15, 26, 49, 95
　——化　5, 9, 11, 29, 32, 35, 39, 49, 67, 77
　——構造　5
　——遂行　5
　——知識資産　40
ルール　50, 52
レギュレーション　24
　——の社会学　24

連結化（Combination）　38, 79
連邦経営　105
ロイヤリティ　127, 134

ワ行

ワークライフバランス　165
和の経営　83
和の精神　83

人名索引

ア行

青木昌彦・奥野正寛　54
Axelrod, R. and Cohen, M. D.　8, 26
Abell, D. F.　17
Aldrich, H. E.　173
Ansoff, H. I.　8, 11, 95
池本正純　122
伊丹敬之・加護野忠男　16
伊丹敬之　15
伊藤昌壽　99
井上礼之　126, 130, 144
今田高俊　173
Wiggins, R. R. and Ruefli, T. W.　35, 94
Weick, K. E.　124, 173
内田恒二　141
内田三郎　58
内野崇　173
Woodward, J.　173
大月博司　4, 5, 10, 26, 74, 96, 172
岡野幸義　144
尾崎元規　142

カ行

賀来龍三郎　64, 141
河合忠彦　173
神田良・岩崎尚人　97
北井啓之　130, 144
Kimberly, J. R. and Quinn, R. E.　74
Quinn, R. E., Cameron, K. S. and Kim, M. U.　37, 173
Grant, R. M.　18
Christensen, J. F.　10, 19
Greif, A.　50
Greiner, L. E.　37, 74
桑嶋健一　6
小池和男　6
後藤卓也　88, 142

Cohen, M. D. and Bacdayan, P.　7
Cohen, M. D., et.al.　27
小松章　48
Commons, J. R.　50
Collis, D. J. and Montgomery, C. A.　18

サ行

Cyert, R. N. and March, J. G.　4, 26
斎藤正治・山田泰造　87
Simon, H. A.　8, 49
榊原定征　100, 143
澤田道隆　142
Sanchez, R. and Heene, A.　19
塩沢由典　52
Scott, W. R.　51
Selznick, P.　15
十河政則　132, 144

タ行

Tushman, M. L. and Romanelli, E.　75
谷口和弘　54
Daft, R. L.　37
D'Aveni, R. A. and Gunthe, R. E.　94
Teece, D. J.　76, 118, 124, 176
Teece, D. J. and Pisano, G.　5, 11, 26
Teece, D. J., Pisano, G. and Shuen, A.　26
DiMaggio, P. J. and Powell, W. W.　51
常盤文克　87, 142

ナ行

中岡哲郎他　6
長瀬富郎　79
Nadler, D. A. and Tushman, M. L.　75
Nadler, D. A., Shaw, R. B. and Walton, A. E.　75
日覺昭廣　143
Nelson, R. R. and Winter, S. G.　5, 15, 26, 95
North, D. C.　50

Knott, A. M. 5, 9
Nonaka, I. and Takeuchi, H. 38, 78
野中郁次郎・遠山亮子・平田透 64
野中郁次郎 173
野中郁次郎・勝見明 11, 40

ハ行

Barnard, C. I. 122
Hannan, M. T. and Freeman, J. H. 173
Barney, J. B. 15, 18, 123
Hamilton, W. H. 50
Burrell, G. and Morgan, G. 22
Burns, T. and Stalker, G. M. 173
平井克彦 100, 143
Feldman, M. S. 11
Feldman, M. S. and Pentland, B. S. 5, 12
藤田誠 19
藤本隆宏 6, 96
Black, J. A. and Boal, K. B. 17
Pfeffer, J. and Salancik, G. R. 173
French, W. L. and Bell, Jr. C. H. 74
Veblen, T. B. 50
Pentland, B. T. and Rueter, H. H. 27
Penrose, E. T. 15, 122, 173
Hodgson, G. M. 50
Porter, M. E. 15, 123
Hofer, C. W. and Schendel, D. 27
Polanyi, M. 173
Hall, R. 16

マ行

Miles, R. M., et.al. 8

前田勝之助 99, 103, 106, 143
槇谷正人 95, 177
Massini, S. et.al. 26
Marshall, A. 122
March, J. G. and Olsen, J. P. 173
March, J. G. and Simon, H. A. 4, 26
丸田芳郎 81, 142
御手洗毅 58
御手洗肇 141
御手洗冨士夫 66, 141
Mintzberg, H. 8, 75, 123, 125
Meyer, J. and Rowan, B. 173
Mezzia, S. J. Glynn, M. A. 5
盛山和夫 52

ヤ行

山路敬三 141
山田晁 126
山田稔 126, 144
吉田孟史 4, 8

ラ行

Langlois, R. N. and Robertson, P. L. 10, 111
Luhmann, N. 173
Levy, A. and Merry, U. 74
Lawrence, P. R. and Lorsch, J. W. 173

ワ行

Wernerfelt, B. 15, 18

著者紹介

槇谷　正人（まきたに　まさと）

1957 年　大阪府生まれ
1981 年　関西学院大学商学部卒業
1981 年　シャープ株式会社勤務
1987 年　学校法人産業能率大学総合研究所勤務
2008 年　徳山大学経済学部准教授
2011 年　摂南大学経営学部准教授
2011 年　明治学院大学経済学研究科博士後期課程修了（博士：経営学）
2012 年　摂南大学経営学部教授で現在に至る

主要著作

『ステークホルダーの経営学─開かれた社会の到来』（共著）中央経済社，2009 年
『経営哲学の授業』（共著）経営哲学学会編，PHP 研究所，2011 年
『経営理念の機能─組織ルーティンが成長を持続させる』中央経済社，2012 年
『経営学ベーシックスプラス』（共著）同文舘出版，2014 年，など。

企業の持続性と組織変革

2016 年 3 月 10 日　第 1 版第 1 刷発行　　　　　　検印省略

著　者　槇　谷　正　人
発行者　前　野　　　隆
発行所　株式会社　文　眞　堂
　　　　東京都新宿区早稲田鶴巻町 533
　　　　電話 03（3202）8480
　　　　FAX 03（3203）2638
　　　　http://www.bunshin-do.co.jp
　　　　郵便番号 (162-0041) 振替 00120-2-96437

印刷・モリモト印刷　　製本・イマヰ製本所
© 2016
定価はカバー裏に表示してあります
ISBN978-4-8309-4881-7　C3034